职业教育"互联网+"新形态教材

商品及品类管理

主　编　潘艳君　何云鹏

副主编　李利利　彭　洁

参　编　俸显美　朱小婷　施四维

机械工业出版社

本书以培养应用型人才为目标，正确把握中等职业教育的定位，依据新专业标准，以"做中学、做中教"为理念，构建以实践能力为本位，培养学生分析问题、解决问题能力为重点的课程体系，对商品质量、商品包装、商品的科学养护、商品分类和管理等商品基础知识和基本方法进行了重点介绍，还介绍了食品、日用工业品、纺织品和家用电器的商品管理。

　　本书每章都设置了学习导航、学习目标、本章小结、思考与练习、技能训练，每节都设置了情景导入和相关知识，具有指导性、趣味性和实用性。

　　本书是连锁经营与管理专业的核心课程用书，适合中等职业学校连锁经营与管理、市场营销和酒店管理等专业的教学。

图书在版编目（CIP）数据

商品及品类管理 / 潘艳君，何云鹏主编 . —北京：机械工业出版社，2024.5
ISBN 978-7-111-75606-4

Ⅰ．①商…　Ⅱ．①潘…　②何…　Ⅲ．①商品管理—中等专业学校—教材
Ⅳ．① F760.4

中国国家版本馆 CIP 数据核字（2024）第 087996 号

机械工业出版社（北京市百万庄大街 22 号　邮政编码 100037）
策划编辑：邢小兵　　　　　　责任编辑：邢小兵　王　芳
责任校对：韩佳欣　宋　安　　封面设计：王　旭
责任印制：张　博

北京建宏印刷有限公司印刷

2024 年 7 月第 1 版第 1 次印刷
184mm×260mm • 11.5 印张 • 179 千字
标准书号：ISBN 978-7-111-75606-4
定价：49.80 元

电话服务　　　　　　　　　　网络服务
客服电话：010-88361066　　机　工　官　网：www.cmpbook.com
　　　　　010-88379833　　机　工　官　博：weibo.com/cmp1952
　　　　　010-68326294　　金　书　网：www.golden-book.com
封底无防伪标均为盗版　机工教育服务网：www.cmpedu.com

前　言

我国已经成为世界第二大经济体，国民收入不断提高，消费能力越来越强，广大人民群众对衣食住行的要求也越来越高。不断提高产品质量，满足人民对美好生活的需要，成为新时代社会发展的主旋律。源源不断的高质量产品成为人民幸福生活的基石。

对企业而言，商品是企业开展市场营销活动的前提，提供适销对路的高质量商品是企业得以长足发展的源泉。对消费者而言，加强商品知识学习，提高商品使用能力，并运用相关法律规范维护自己的切身利益，具有重要的现实意义。鉴于此，我们编写了这本《商品及品类管理》。本书既可作为财经商贸类专业的核心课程用书，也可供广大从事商品相关工作的专业人员学习。

本书注重创新性和实用性，力求反映商品学发展的新动态、新规范，体现"理论够用，突出实践"的原则；结构合理、形式活泼，将理论知识与实践活动整合，强调应用中的逻辑思维过程；重点培养学生分析问题、解决问题的能力。

本书还具有以下特点：

1. 立足立德树人、强化职业精神

本书充分融入了遵纪守法、诚实守信、创新等现代商业理念，注重培养学生职业技能和职业素养，引导学生牢固树立立足岗位、增强本领、服务群众、奉献社会的职业理想，增强对职业理念、职业责任和职业使命的认识与理解，增强职业荣誉感，养成良好的职业态度和职业操守。

2. 紧跟职业理念、注重产教融合

本书按照职业教育技术技能人才培养的目标要求，进一步强化需求导向、能力本位、产教融合的现代职业教育理念。本书的编者既有在校的专业教师，也有企业中的专家。紧跟行业前沿，增强了教材的鲜活度，保证了教材的先进性。

3. 丰富呈现形式、激发学生兴趣

本书呈现形式多样，充分运用文字、表格、图片、案例、习题等形式，增强学习的趣味性。知识内容中穿插小例子、小知识、知识拓展等栏目，极富启发性。

本书共九章，建议每周4学时，共计72学时，具体分配如下：

项　目	教　学　内　容	学时安排
第一章	商品概述	4
第二章	商品质量	10
第三章	商品包装	10
第四章	商品的科学养护	4
第五章	商品的分类和管理	10
第六章	食品商品管理	12
第七章	日用工业品商品管理	6
第八章	纺织品商品管理	6
第九章	家用电器商品管理	10
合　计		72

　　本书由潘艳君、何云鹏担任主编。参加本书编写的人员有：武汉市供销商业学校潘艳君（第三章、第八章）、何云鹏（第二章、第六章）、施四维（第一章）、李利利（第四章、第七章）、彭洁（第九章）；南宁市第四职业技术学校俸显美（第五章）；深圳市怡亚通供应链股份有限公司朱小婷（为本书的编写提供了案例支持）。

　　由于编者水平有限，书中缺点、错误在所难免，恳请广大师生及读者批评指正。

编　者

目　录

综合训练

第一章　商品概述

学习导航

商品无时无处不在，它们时时刻刻影响着我们的生活、学习和工作。我们同样也离不开商品，天天都要与它们打交道。人类的生存和发展需要消费，人类通过不断地劳动来满足自己的需要。当社会生产发展到一定阶段，商品就出现了。它是社会生产发展的必然产物。中华文明源远流长，在历史发展进程中为全球提供了种类丰富的商品。随着科技的进步，新商品层出不穷，企业只有正确地认识商品，才能在激烈的竞争中占有一席之地。

学习目标

本章主要通过结合生活实际，介绍商品知识，激发学习兴趣。通过本章的学习，你应该达成以下学习目标：

📖 知识目标

- 陈述商品的含义。
- 概括商品的本质特征。

◎ 能力目标

- 能区分商品的两个基本属性。

📋 素养目标

- 树立马克思主义价值观，认识商品与商品使用价值的本质。
- 深刻理解中华民族传统文化的现实意义。

第一节　什么是商品

情景导入

俗话说"民以食为天"。20世纪80年代，居民使用城镇居民粮油供应证排队购买粮食；

20世纪90年代，居民进餐馆尝鲜；21世纪初，居民以"吃出健康、吃出文化"为要求；现在，人们对回归自然的水果、蔬菜极为重视，蔬菜要吃无污染的，粮食要吃当年的，鱼虾要吃活蹦乱跳的。在市场上他们挑剔的目光，越来越多地落在鲜货上，而不是价格上。那么我们在购买所需物品的时候，有没有想过需要哪些条件呢？请观察图1-1所示的文具，它们和家里长辈小时候用过的文具有什么不同呢？

图1-1　文具

>>>
相关知识
<<<

一、商品的含义

1. 商品是劳动的产物

商品是指用来交换的劳动产品。商品的产生必须具备两个条件：一是社会分工；二是劳动产品属于不同的所有者。劳动产品是向市场提供的能满足人们某种需要和利益的物质产品及非物质形态的服务。商品本身凝结着一定数量的无差别的一般人类劳动，这种无差别的一般人类劳动凝结在商品中就形成了商品的价值。

小例子

天然的泉水（见图1-2a），如果被人们取来为己所用就不能称为商品；而天然的泉水经过人们劳动后变为用于交换的桶装矿泉水（见图1-2b），就成了商品。

a)　　　　　　　　　　　b)

图1-2　天然的泉水与桶装矿泉水

a）天然的泉水　b）桶装矿泉水

2. 商品能够满足人们的某种需要

商品能够满足人们的某种需要是商品的使用价值，即商品的有用性。它由商品本身的自然属性和社会属性两部分构成。

小例子

自然属性主要满足人们的明确需要，如衣可遮体、食可果腹等；社会属性则满足人们的隐含需要，即心理上、精神上和感情上的需要等，如衣服穿在身上使人觉得自己有气质、有风度等。

3. 商品必须用于交换

商品是供他人或社会消费，而不是供生产者或经营者自身消费的劳动产品，所以必须通过交换，消费者才能拥有商品。

小例子

为自己消费而生产的产品不是商品，如裁缝给自己做的衣服；为他人生产的产品不经过交换也不是商品，如裁缝给自己孩子做的衣服。

二、商品的基本属性

1. 使用价值

使用价值是指商品满足人们和社会需要的效用，即有用性。商品可以直接满足人们物质和精神的需要，消费者从商品中获得使用价值。

小知识

不同的商品具有不同的使用价值，不同的使用价值是由物品本身的自然属性决定的。同一种商品具有多种自然属性，因而具有多方面的使用价值。商品的使用价值是维持人类的生存和繁衍、社会的发展所必需的。

2. 价值

价值是指凝结在商品中一定数量的无差别的一般人类劳动。生产者通过销售商品把使用价值让渡给消费者，从而实现商品的价值。价值反映了商品的社会属性，表达了商品生产者之间互相交换劳动的社会生产关系。

小例子

1把斧子 🪓 ＝ 🍚 15千克大米 这个等式是根据什么来确定的呢？

提示：不同质的东西是不能进行量的比较的，同质的东西才能比较、才能交换。那么商品共同的特征到底是什么呢？

3. 使用价值和价值的关系

二者相互依存、互为条件：①没有使用价值的物品，即使花费了大量劳动也不会形成价值，因此不能成为商品；②未经人类劳动的物品虽有使用价值，但没有价值，不能成为商品；③有价值的劳动产品，如果不是为了交换，也不能成为商品。

二者相互对立、相互排斥：①使用价值是自然属性，价值是社会属性；②商品的使用价值和价值，对于生产者和消费者来说只能实现其中一种，不能二者兼得；③使用价值和价值的矛盾只有通过交换才能解决。

小知识

生产者通过交换获得的是商品的价值，消费者通过交换获得的是商品的使用价值。一旦交换失败，使用价值不能进入消费，使用价值和价值的矛盾就暴露出来了。

三、商品的整体概念

1. 实质性

实质性是指商品提供给消费者的基本效用或利益，也可以说是商品的基本功能，这是消费者需求的核心内容，是消费者真正要买的东西。

消费者购买某种商品，并不是为了占有或获得商品本身，而是为了获得能满足某种需要的效用或利益，即核心商品。

小例子

商品的实质性是商品的效用给消费者带来的满足，缺少这一层，消费者就不会去购买这种商品。如衣服可以遮体、保暖，米饭可以充饥，房屋可以居住，计算机可以处理和传递信息等，这些需要体现的是核心商品。

2. 实体性

实体性是指商品的具体形态，如商品的性能、外观、式样、色彩、包装等，它是商品的形式部分，即形式商品。商品的基本效用必须通过某些具体的形式才能实现。

随着消费观念的转变和买方市场的出现，消费者的要求越来越高，选择余地也越来越大。除了考虑商品的效用外，商品的包装、造型、颜色、品牌等外在形式在很大程度上影响着人们的消费决策。企业应着眼于消费者购买商品时所追求的利益，在形式方面更好地体现消费者的追求，合理地进行商品的设计，如图1-3所示。

图1-3　形式商品

3. 延伸性

延伸性是指消费者购买商品时所得到的附加利益，它能给消费者带来更多的利益和更大的满足，如维修服务、咨询服务、贷款、交货安排和仓库服务等能够吸引消费者的服务，即附加商品。

小例子

长虹电器的安装与迁移服务，海尔的家电保养与回收服务，顺丰的上门取件与保价服务等，这些均为附加商品。

在现代营销环境下，企业销售的不是商品单纯的功能，而是商品整体概念下的一个系统。在竞争日益激烈的市场环境下，扩大附加商品（即商品给消费者带来的附加利益）已经成为企业提升市场竞争力的重要手段。

第二节　商品的本质

情景导入

选购大米时，你考虑过大米作为商品具有哪些特征吗？农民伯伯自己食用的大米和你购买的大米都是劳动产品（见图1-4），它们有区别吗？

图1-4　大米

相关知识

商品的本质特征主要有四个方面。

1. 商品是具有使用价值的劳动产品

具有使用价值但不是劳动产品的天然物品，如河水和空气等不是商品。它们只有经过人类劳动加工，如自来水厂生产的水、制氧车间制造的氧气，才能成为商品。

2. 商品是用于交换的劳动产品

商品不是供生产者自己消费的，而是为了交换，供他人和社会消费的劳动产品。

小例子

农民伯伯为自己消费而生产的粮食，不能成为商品；只有拿到市场上进行买卖，供他人消费，才能成为商品。

3. 通过交换，商品的使用价值和价值得以实现

劳动产品只有通过交换环节才能成为商品，即劳动产品在交换过程中转化为商品。

4. 商品能满足人和社会的需要

商品是指提供给市场，用于满足人们某种欲望和需要的任何事物，包括实物、知识和服务等。商品生产、流通、消费的最终目的是满足人和社会不断增长的物质和精神需要。

知识拓展

> **有形商品、无形商品和通用商品**
>
> （1）有形商品：有形商品是指以物质状态存在的核心商品以及它的有形附加物。例如，商场中以物质状态存在的服装、日化品、食品和家电等。
>
> （2）无形商品：无形商品是劳动的无形产物，其存在状态相对于有形商品而言是无形的，它不是以物质状态存在的，如知识、技术、证券、股票、服务和劳务等。
>
> （3）通用商品：通用商品是有形商品和无形商品的结合，是商品的整体概念，即商品是由有形附加物和无形附加物构成的完整商品。

本章小结

本章从商品的含义出发，对商品的基本属性、本质特征等方面做了讲解，介绍了商品的整体概念。学习中应围绕商品的整体概念来理解商品的本质特征。

商品是指用来交换的劳动产品，具有使用价值和价值两个基本属性。使用价值是指商品能够满足人们和社会某种需要的有用性；价值是指凝结在商品中一定数量的无差别的一般人类劳动。

商品的整体概念由核心商品、形式商品和附加商品组成。核心商品是指商品提供给消费者的基本效用或利益；形式商品是指商品的具体形态；附加商品是指消费者购买商品时所得到的附加利益。

商品的本质特征主要有四个方面：①商品是具有使用价值的劳动产品；②商品是用于交换的劳动产品；③通过交换，商品的使用价值和价值得以实现；④商品能满足人和社会的需要。

第二章 商品质量

学习导航

市场经济是法治经济，更是信用经济。信誉是企业的生命，商品质量是信誉的基础。我国古代商人概括出来的"公平交易、货真价实、童叟无欺"等经商法则，无不体现了"信誉至上、质量至上"的经商理念。随着市场经济的不断发展，广大消费者的质量意识日益浓厚，识别商品质量的能力不断提高。商品质量关系到企业的生死存亡。

学习目标

本章主要通过"情景导入"，发挥教师引导、学生主体的作用，结合生活实际介绍有关商品质量的知识。通过本章的学习，你应该达成以下学习目标：

知识目标

- 陈述商品质量的含义。
- 列举商品质量的影响因素。
- 列举商品标准的类型。

能力目标

- 能运用商品质量检查方法进行质量检测。

素养目标

- 树立"质量就是生命""质量至上、信誉至上"的经商理念。
- 提升法律意识，运用《中华人民共和国消费者权益保护法》处理因商品质量问题产生的纠纷，维护自己的合法权益。

第一节 商品质量概述

情景导入

"炮制虽繁必不敢省人工；品味虽贵必不敢减物力。"北京同仁堂（简称同仁堂）凭着对产品质量高度负责的文化理念，成为民族药业一块响当当的金字招牌，历经300多年长盛不衰。同仁堂的中药有丸、散、膏、丹等，有的中药材在加工过程还要通过炮制来减毒增效。中成药的加工过程十分复杂，但是同仁堂从来都不敢偷工；所用中药材，有的价格十分昂贵，如参茸、燕草、麝香、牛黄等，同仁堂也从来不敢减料。2006年，"同仁堂中医药文化"被列入首批国家级非物质文化遗产代表性项目名录。

温馨提示

1989年11月"同仁堂"商标被认定为"中国驰名商标"，是首个国内驰名商标，受到国家特别保护。它的产品质量保障体系可以概括为：安全有效方剂、地道洁净药材、依法科学工艺、对症合理用药。树立品质精神，严把产品质量关，提升顾客满意度，是每一个企业不懈努力的方向。

>>> 相关知识 <<<

一、什么是商品质量

商品质量的概念有狭义和广义之分。狭义的商品质量是指商品与其规定标准技术条件的符合程度，它以国家或国际有关法规、商品标准或订购合同中的有关规定作为最低技术条件，是商品质量的最低要求和合格的依据。广义的商品质量是指商品适合其用途所需的各种特性的综合及其满足消费者需求的程度，是市场商品质量的反映。它不仅是指商品的各种特性能够满足消费者需要，还包括价格实惠、交货准时、服务周到等内容。

小知识

为贯彻落实党中央、国务院关于加快建设质量强国的决策部署，深入实施质量提升行动，进一步提高产品、工程和服务质量，经国务院同意，国家市场监督管理总局等18部门于2022年11月1日联合印发《进一步提高产品、工程和服务质量行动方案（2022—2025年）》。

二、商品质量的基本要求

商品质量的要求多种多样，是因为不同的使用用途（或目的）会产生不同的使用要求（或需要），即使对于同一用途的商品，不同的消费者也会提出不同的要求。商品质量可以概括为商品适用性、商品寿命、商品可靠性、商品安全性、商品经济性和商品艺术性六个方面，如图2-1所示。

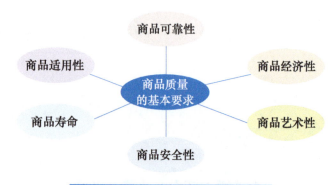

图2-1 商品质量的基本要求

1. 商品适用性

商品适用性是指满足这种商品主要用途所必须具备的性能，是为实现预定使用目的或规定用途，商品所必须具备的各种性能（或功能）。它是构成商品使用价值的基础。

2. 商品寿命

商品寿命通常是指商品使用寿命，有时也包括储存寿命。使用寿命是指工业品在规定的使用条件下，保持正常使用性能的工作总时间。

> **小知识**
>
> 为满足家电产品升级换代的需求，保障消费者人身财产安全，2020年1月，中国家用电器协会发布《家用电器安全使用年限》系列标准。该系列标准涵盖家用电器八种产品，主要从安全使用年限要求、正常使用条件和消费提醒信息这三大方面做出明确规定。产品的使用年限规定如下：葡萄酒柜、电冰箱和空调器的使用年限为10年，燃气灶、储水式热水器、洗衣机、干衣机和吸油烟机的使用年限为8年。

3. 商品可靠性

商品可靠性是指商品在规定条件下和规定时间内，完成规定功能的能力。它是与商品在使用过程中的稳定性和无故障性联系在一起的一种质量特性，是评价机电类商品质量的重要指标之一。商品可靠性通常包括耐久性、易维修性和设计可靠性。

（1）耐久性是指商品在使用时抵抗各种因素对其破坏的性能，它是评价高档耐用商品的一个重要质量特性。

（2）易维修性是指商品在发生故障后能被迅速修好，恢复功能的能力。商品是否容易维修与商品设计有关，设计中应尽量采用组合式或组件式商品结构，所用零部件要标准化、通用化、系列化，以便拆卸更换，此外还应该容易通过仪表式专用检具迅速诊断出故障部位。

（3）设计可靠性是指为了避免使用者在操作上的过失和在规定的环境以外使用等用法错误导致商品出现故障的可能性，在设计上做到以下两方面：一方面，要求提高商品的易操作度（易使用度），使人为过失的可能性尽量减少；另一方面，即使因人为过失或环境改变引起了故障，也要把可能遭受的损害控制在最低限度。

4. 商品安全性

商品安全性是指商品在储存和使用过程中对环境无污染、对人体无损害的能力。环境要求包括两个方面：一方面要求商品在生产、流通、消费以及废弃阶段，均不对社会和人类生存环境造成危害；另一方面要求提供能使商品正常发挥效用的环境条件，如规定的温度、电压等。

> **小知识**
>
> 《中华人民共和国道路交通安全法》第五十一条规定，摩托车驾驶人及乘坐人员应当按规定戴安全头盔。2017年起摩托车头盔产品被纳入我国强制性产品认证范围；自2018年8月1日起，摩托车乘员头盔未获得CCC认证的，不得出厂、销售、进口或者在其他经营活动中使用。未经CCC认

证的摩托车头盔产品，往往缺少产品质量安全保障，一旦发生交通意外，可能无法为佩戴者提供有效安全防护。头盔的重量超标则可能会对佩戴者颈部造成额外压力，严重的会导致颈椎劳损。

5. 商品经济性

商品经济性是指商品的生产者、经营者和消费者都能用尽可能少的费用获得较高的商品质量，从而使企业获得更大的经济效益，消费者也会感到物美价廉。经济性反映了商品合理的寿命周期费用及商品质量的最佳水平。

6. 商品艺术性

商品艺术性是指商品符合时代审美特点，具有一定的艺术创造性。它已成为提高商品市场竞争力的重要手段之一。

商品质量的各项基本要求并不是独立的、静止的、绝对的，特别是对某种商品提出具体质量要求时，不仅要根据不同的用途进行具体分析，还必须与社会生产力的发展、国民经济水平以及人们消费习惯相适应。

三、商品质量的综合体现

商品质量是一个综合性概念，它涉及商品本身及商品流通过程中诸多因素的影响。从现代市场观念来看，商品质量是内在质量、外观质量、社会质量和经济质量等方面内容的综合体现，如图2-2所示。

图2-2　商品质量综合体现的四个方面

1. 商品的内在质量

商品的内在质量是指商品在生产过程中形成的商品本身固有的特性，包括商品实用性、可靠性、寿命和卫生性等。它构成商品的实际物质效用，是最基本的质量要素。

2. 商品的外观质量

商品的外观质量主要是指商品的外表形态，包括外观构造、质地、色彩、气味、手感、表面疵点和包装等。它已成为人们选择商品的重要依据。

3. 商品的社会质量

商品的社会质量是指商品满足全社会利益需要的程度，如是否违反社会道德、是否对环境造成污染、是否浪费有限资源和能源等。一种商品不管其工艺如何先进，只要有损于社会利益，就难以生存和发展。

4. 商品的经济质量

商品的经济质量是指人们按其真实的需要，希望以尽可能低的价格，获得具有优良性能的商品，并且在消费或使用中付出尽可能低的使用和维护成本，即物美价廉的统一程度。

由此可见，商品的内在质量是由商品本身的自然属性决定的；商品的外观质量、社会质量和经济质量则是由商品的社会效应决定的，受到诸多社会因素的影响。

四、影响商品质量的因素

商品质量是商品生产、流通和消费全过程中诸多因素共同影响的产物。从质量形成的过程来看，影响和决定商品质量的因素是多方面的。商品的来源不同，影响其质量的因素也不完全相同。

1. 原材料对商品质量的影响

原材料是构成商品的最原始的物质，在其他条件相同的情况下，原材料对商品的质量起着决定性作用。因此，在分析商品质量时必须对原材料的质量进行分析。

2. 生产过程对商品质量的影响

生产过程对商品质量的影响主要包括：①产品设计与试制；②生产工艺；③商品检验；④生产人员的素质和能力。

3. 流通过程对商品质量的影响

流通过程是指商品离开生产过程进入消费过程前的整个区间。商品在流通过程中，由于受到各种外界因素的影响，会发生商品质量不断恶化的现象。商品学在研究影响商品质量的因素时，就对商品在流通中的包装、运输、储存和销售服务进行全面的研究，以降低损耗、保护质量。

4. 销售服务对商品质量的影响

商品在销售服务过程中的进货验收、入库短期存放、商品存列、提货搬运、装配调试、包装服务、送货服务、技术咨询、维修和退换服务等的工作质量都是最终影响消费者所购商品质量的因素，商品良好的售前、售中、售后服务已逐渐被消费者视为商品质量的重要组成部分。

5. 消费过程对商品质量的影响

消费过程对商品质量的影响首先体现在消费心理与消费习惯上。爱美之心，人皆有之，商品的美对商品质量的影响越来越大，符合规律地创造完美的商品形式，是为了满足人们的审美需要。人们的审美观有共同的一面，也有差异的一面，不同时代、民族、宗教、区域、阶层、环境、职业、年龄及性别的人的审美观是有差异的。因此，不同消费者对美的商品的认同和追求是不一样的。

6. 社会伦理道德对商品质量的影响

质量意识属于思想范畴，涉及人的职业道德、思想道德、精神风貌和知识修养等因素，所以开展精神文明建设，发扬爱国主义，弘扬对工作精益求精和对人民极端负责的精神，是增强质量意识的重要环节。此外，加强质量法制建设也是增强质量意识必不可少的环节。

第二节　商 品 标 准

情景导入

商品标准是商品进入市场必须达到的要求。制定科学的商品标准，为商品质量的评定提供依据，能够促进商品质量的提高，更是冲破技术壁垒、扩大对外贸易的手段。

高速铁路（高铁）是当今世界最快的交通工具之一，目前最高运行时速已达每小时350千米。经过多年的科学研究和工程实践，我国构建了完备的高速铁路技术体系，覆盖勘察设计、工程建造、高速列车、牵引供电、运营管理、安全保障等方面。特别是近年来，我国高铁屡创奇迹，"复兴号"高速列车迈出了从"追赶"到"领跑"的关键一步。我国已成为世界上高速铁路系统技术最全、集成能力最强、运营里程最长、运行速度最快、在建规模最大的国家，高速铁路发展总体水平世界领先。

知识拓展

我国是世界上首个建立高速铁路系统集成技术标准和管理体系的国家，这提升了高速铁路系统的安全可靠性和运行品质，有效降低了建设成本，缩短了工期，为世界高速铁路发展开创了一个崭新的技术领域。我国高速铁路是在全球能源资源短缺、生态环境恶化、低碳经济逐步兴起的背景下发展起来的，我国高速铁路建设规模大、运营速度快、建设成本低、发展速度快、市场需求旺盛。因此，我国高速铁路发展的成功引起了世界各国的特别关注，产生了强大的示范效应。

相关知识

一、什么是商品标准

商品标准是科学技术和生产力发展水平的一种标志，它既是社会生产力发展到一定程度的产物，又是推动生产力发展的一种手段。凡正式生产的各类商品，都应制定或符合相应的商品标准。商品标准由主管部门批准、发布，同时具有政策性、科学性、先进性、民主性和权威性。它是生产、流通、消费等部门对商品质量出现争议时执行仲裁的依据。

二、商品标准的类型

商品标准的分类方法有很多种，按照最主要的商品标准分类方法进行划分，商品标准的类型见表2-1。

表2-1 商品标准的类型

划分标准	标准类型	标准描述	举例
按发生作用的范围不同分类	国际标准	国际标准是指由国际上权威的专业组织制定，并为世界上多数国家承认和通用的产品质量标准	国际标准化组织（ISO）、联合国粮农组织（UNFAO）等国际组织颁布的标准。国际标准属于推荐性标准
	国家标准	国家标准是由国务院有关主管部门提出，由国家标准化行政主管部门审批和公布，在全国范围内实施的标准	国家标准的代号由"GB"（强制性国家标准）或"GB/T"（推荐性国家标准）及两组数字组成，第一组数字表示标准的顺序编号，第二组数字表示标准批准或重新修订的时间
	行业标准	行业标准是在没有国家标准的情况下，由标准化主管机构制定、审批和发布的标准。如果发布并实施了国家标准，则该行业标准自行废止	农业农村部颁布的农业行业标准代号为"NY"（强制性农业行业标准），"NY/T"表示推荐性农业行业标准。地方标准是在没有国家和行业标准的情况下，由地方（如省）制定、批准发布，在本行政区域内统一使用的标准
	企业标准	企业标准是由企业制定发布，在该企业范围内统一使用的标准。其代号由"Q"加斜线再加上企业代号组成	我国产品质量认证标志包括质量合格标志和进出口商品检验标志。质量合格标志包括方圆标志、长城标志和PRC标志；进出口商品检验标志分为安全标志、卫生标志和质量标志
按商品标准的表达形式分类	文件标准	文件标准是以文字（包括表格、图形等）的形式对商品质量所做的统一规定。绝大多数商品标准都是文件标准	文件标准在其开本、封面、格式、字体、字号等方面都有明确的规定，应符合《标准化工作导则》的有关规定
	实物标准	实物标准是指对某些难以用文字准确表达的质量要求（如色泽、气味、手感等），由标准化主管机构或指定部门用实物做成与文件标准规定的质量要求完全或部分相同的标准样品，作为文件标准的补充	粮食、茶叶、羊毛、蚕茧等农副产品都有分等级的实物标准。实物标准是文件标准的补充，实物标准要经常更新
按标准的约束程度不同分类	强制性标准	强制性标准又称法规性标准，即一经批准发布，在其规定的范围内，有关方面必须严格贯彻执行。国家对强制性标准的实施情况依法进行有效的监督	《中华人民共和国标准化法》规定，保障人身健康和生命财产安全、生态环境安全以及满足经济社会管理基本需要的技术要求，应当制定强制性国家标准，如药品标准，食品卫生标准，兽药标准，工程建设的质量、安全、卫生标准及国家需要控制的其他工程建设标准等
	推荐性标准	推荐性标准又称自愿性标准，即国家制定的标准由各企业自愿采用、自愿认证，国家利用经济杠杆鼓励企业采用	我国从1985年开始实行强制性标准和推荐性标准相结合的标准体制。截至2022年年底，我国已有国家标准43027项，其中强制性国家标准2117项，推荐性国家标准40378项，指导性技术文件532项

另外，商品标准还可以按性质分为产品标准、方法标准、基础标准、安全标准、卫生标准、管理标准、环保标准和其他标准等。

小例子

为规范和提升电动自行车乘员头盔的质量标准和安全性能，保障骑车人员交通安全，公安部、工业和信息化部共同组织制定了强制性国家标准《摩托车、电动自行车乘员头盔》（GB 811—2022），并于2023年7月1日实施。它对产品结构、固定装置稳定性、佩戴装置强度、吸收碰撞能量性能、耐穿透性能等方面做出了明确规定。在结构方面规定了电动自行车乘员头盔需具备缓冲层，这将强制把没有缓冲层的劣质头盔从市场中清退，更好地保护电动自行车骑乘人员的生命安全。

三、商品标准的基本内容

1. 概述部分

概述部分概括地说明标准化的对象、内容、适用范围，以及批准、发布、实施的时间等，包括封面、目录、标准名称和引言等内容。

2. 技术内容部分

技术内容部分是整个标准化的核心，其中对标准化对象的实质性内容做了具体规定。技术内容部分包括名词术语、符号代号、产品品种规格、技术要求、试验方法、检验规则、标志、包装、运输和储存等内容。

3. 补充部分

补充部分是对标准条文所做的必要补充说明和提供使用的参考资料，包括附录和附加说明两部分。

第三节　商 品 检 验

情景导入

我国废止食品质量免检制度

为了保证食品质量安全，维护人民群众身体健康，2008年国务院废止了1999年12月5日发布的《国务院关于进一步加强产品质量工作若干问题的决定》（国发〔1999〕24号）中有关食品质量免检制度的内容。

国家食品质量免检制度被废止的原因有：①产品免检制度缺乏必要的法律基础；②食品免检是对民生不负责；③产品质量本身是一种动态过程；④"免检产品"为企业造假提供了便利；⑤一些不合格的"免检产品"败坏了我国的国际形象。

食品质量关乎消费者的生命健康，取消食品免检制度既维护了消费者的利益，保障了消费者的消费安全，同时也有利于企业自身严格监管食品质量。

相关知识

一、什么是商品检验

商品检验是指商品的卖方、买方或者第三方在一定条件下，借助某种手段和方法，按照合同、标准或国内外有关法律、法规和惯例，对商品的质量、规格、重量、数量、包装、安全及卫生等方面进行检查，并做出合格与否或通过验收与否的判定。它能够维护买卖双方合法权益，有利于避免或解决各种风险损失和责任划分的争议，便于为商品交接结算出具各种有关证书。

二、商品检验的目的与任务

商品检验的目的是运用科学的检验技术和方法，正确地评定商品质量。

商品检验的任务包括：从商品的用途和使用条件出发，分析和研究商品的成分、结构、性质及其对商品质量的影响，确定商品的使用价值；拟定商品质量指标和检验方法，运用各种科学的检测手段评定商品质量，并确定是否符合规定标准的要求；研究商品检验的科学方法和条件，不断提高商品检验的科学性、精确性、可靠性，使商品检验工作更科学化、现代化；探讨提高商品质量的途径和方向，促进商品质量的提高，并为选择适宜的包装、保管和运输方法提供依据。商品检验在进出口贸易中尤为重要。

三、商品检验的类型

1. 商品检验按检验目的不同分类

商品检验按检验目的不同，通常可分为生产检验、验收检验和第三方检验三种，见表2-2。

表2-2　按检验目的划分类型

类　　型	描　　述
生产检验	由生产企业或其主管部门自行设立的检验机构，对所属企业进行原材料、半成品和成品产品的自检活动。目的是及时发现不合格产品，保证质量，维护企业信誉。经检验合格的商品应有"检验合格证"标志
验收检验	由商品的买方进行的，为了维护自身及其顾客利益、保证所购商品符合标准或合同要求所进行的检验活动。目的是及时发现问题，反馈质量信息，促使卖方纠正或改进商品质量。在实践中，商业或外贸企业还常派"驻厂员"对商品质量形成的全过程进行监控，针对发现的问题及时要求生产方解决
第三方检验	由处于买卖利益之外的第三方，以公正、权威的非当事人身份，根据有关法律、标准或合同所进行的商品检验活动，如公证鉴定、仲裁检验、国家质量监督检验等。目的是维护各方面的合法权益和国家权益，协调矛盾，促使商品交换活动的正常进行

2. 按接受检验商品的数量不同分类

按接受检验商品的数量不同，商品检验可分为全数检验和抽样检验，见表2-3。

表2-3　按接受检验商品的数量划分类型

类　　型	描　　述
全数检验	对整批商品逐个（件）进行检验。其优点是能提供较多的质量信息，给人一种心理上的放心感。其缺点是由于检验量大，所以费用高，易因检验人员疲劳而漏检或错检
抽样检验	按照已确定的抽样方案，从整批商品中随机抽取少量商品用作逐一测试的样品，并依据测试结果去推断整批商品质量合格与否。它具有占用人力、物力和时间少的优点，具有一定的科学性和准确性，是比较经济的检验方式。但检验结果相对于整批商品实际质量水平，总会有一定误差

四、商品检验的方法

1. 抽样检验方法的类型

抽样检验方法大体上可分为百分比递减法和计数抽样法两类。百分比递减法是历来各国较普遍采用的抽样方法，它是按统一规定的百分比例进行开件，平均普遍地抽取样品，批量大的按规则降低百分比例。20世纪60年代，国际上逐步推广采用以数理统计学和概率论为理论基础的计数抽样法，我国从1992年开始对部分商品采用计数抽样法，并且不断地扩大其应用范围。关于出口商品的抽样方法，外贸合同中有明确规定的，按照合同中的规定进行。

2. 抽样检验的方法

目前广泛采用随机抽样方法，即整批商品中的每一件商品都有同等被抽取的机会，抽样者按照随机的原则、完全偶然的方法去抽取样品，比较客观，适用于各种商品的抽样。常用的随机抽样方法有简单随机抽样法、分层随机抽样法、多段随机抽样法和系统随机抽样法。

五、商品质量检验的方法

商品质量检验的方法通常分为感官检验法、理化检验法和生物学检验法。

1. 感官检验法

感官检验法是指借助人感觉器官的功能和实践经验来检测评价商品质量的一种方法，即利用人的眼、鼻、舌、耳、手等感觉器官作为检验器具，结合平时积累的实践经验对商品外形结构、外观疵点、色泽、声音、气味、滋味、弹性、硬度、光滑度、包装和装潢等的质量情况，以及对商品的种类品种、规格、性能等进行识别，主要有视觉检验、听觉检验、味觉检验、嗅觉检验和触觉检验。感官检验法在商品检验中有着广泛的应用，并且消费者对任何商品总是先用感觉器官来进行质量评价的，所以感官检验十分重要。

（1）感官检验法的优点：

1）方法简单，快速易行。

2）不需复杂、特殊的仪器设备、试剂或特定场所，不受条件限制。

3）一般不易损坏商品。

4）成本较低。

（2）感官检验法的局限性：

1）不能检验商品的内在质量，如成分、结构和性质等。

2）检验的结果不精确，不能用准确的数字来表示，只能用专业术语或记分法表示商品质量的高低。

3）检验结果易带有主观片面性。检验结果常受检验人员知识、技术水平、工作经验及感官的敏锐程度等因素的影响，再加上审美观以及检验时心理状态的影响，故检验结果常常带有一定的主观性，科学性不强。

如何挑选优质西瓜

（1）弹：敲瓜时，声音清脆多表示瓜尚未成熟，当声音低浊时则多表示接近成熟，当声音发出闷哑或"嗡嗡"声时多表示瓜已熟。

（2）看：不论什么品种，瓜皮纹路清晰、色泽光亮，瓜蒂和瓜脐部位向里凹入，而且瓜藤根部粗壮的多是好瓜。

（3）摸：用手摸瓜的表皮时，有一种特别的光滑感，多为熟瓜。

（4）切：依据各品种西瓜成熟的特征和声音，摘一个西瓜切开，瓜皮薄、瓤色好、白色籽粒少的是好瓜。

2. 理化检验法

理化检验法是指在实验室的一定环境条件下，借助各种仪器、设备和试剂，运用物理、化学的方法来检测评价商品质量的一种方法。它主要用于检验商品的成分、结构、物理性质、化学性质、安全性、卫生性以及对环境的污染和破坏性等。理化检验法的优点与缺点见表2-4。

表2-4　理化检验法的优点与缺点

优　点	缺　点
1. 检验结果精确，可用数字定量表示 2. 检验的结果客观，不受检验人员的主观意志影响，使得对商品质量的评价具有客观且科学的依据 3. 能深入地分析商品成分、内部结构和性质，反映商品的内在质量	1. 需要一定的仪器、设备和场所，成本较高，要求条件严格 2. 往往需要破坏一定数量的商品、消耗一定数量的试剂，费用较大 3. 检验需要的时间较长 4. 要求检验人员具备扎实的基础理论知识和熟练的操作技术

3. 生物学检验法

生物学检验法是指通过仪器、试剂和动物来测定食品、药品和一些日用工业品以及包装在危害人体健康安全等方面性能的检验。

检验商品品质需采用的检验方法因商品种类不同而不同，有的商品采用感官检验法即可评价质量（如茶叶），有的商品既需要采用感官检验法，也需要采用理化检验法（如搪瓷），有的商品需以理化检验的结论作为评价商品质量的依据（如钢材）。要使商品检验的结果准确无误，符合商品质量的实际，经得起复验，就要不断提高检验的技术和经验，采用新的检验方法和新的检测仪器。

六、商品检验的内容

商品检验的内容有五个方面，如图2-3所示。

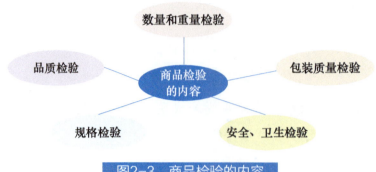

图2-3　商品检验的内容

1. 品质检验

品质检验是根据合同和有关检验标准规定或申请人的要求，对商品使用价值所表现出来的各种特性，运用人的感官或化学、物理等各种手段进行测试、鉴别。其目的就是判别、确定商品的质量是否符合合同中规定的商品质量条件。品质检验包括外观品质检验和内在品质检验。

1）外观品质检验是指对商品外观尺寸、造型、结构、款式、表面色彩、表面精度、软硬度、光泽度、新鲜度、成熟度和气味等的检验。

2）内在品质检验是指对商品的化学组成、性质和等级等技术指标的检验。

> **小例子**
>
> 例如：检验食品中是否含有有害物质，如重金属、农药残留等，以确定其是否符合国家规定的食品安全标准；检验汽车的性能、化妆品的成分、玩具的安全性等，以确定其是否符合国家规定的产品质量标准。

2. 规格检验

规格表示同类商品在量（如体积、容积、面积、粗细、长度、宽度和厚度等）方面的差别，与商品品质优次无关。如鞋类的大小、纤维的长度和粗细、玻璃的厚度和面积等规格，只表明商品之间在量上的差别，商品品质则取决于品质条件。商品规格是确定规格差价的依据。由于商品的品质与规格是密切相关的两个质量特征，因此，在贸易合同的品质条款中一般都包括了规格要求。

3. 数量和重量检验

数量和重量是买卖双方成交商品的基本计量和计价单位，直接关系着双方的经济利益，也是对外贸易中最敏感且容易引起争议的因素之一。数量和重量检验包括对商品个数、件数、双数、打数、令数、长度、面积、体积、容积和重量等的检验。

4. 包装质量检验

商品包装本身的质量和完好程度，不仅直接关系着商品的质量，还关系着商品数量和重量。当出现问题时，包装质量检验还是商业部门分清责任归属、确定索赔对象的重要依据之一。在检验中发现有商品数（重）量不足情况，则责任划分为：若包装破损，则责任在运输部门；若包装完好，则责任在生产部门。包装质量检验的内容主要是内外包装的质量，如：包装材料、容器结构、造型和装潢等对商品贮存、运输、销售的适宜性，包装体的完好程度，包装标志的正确性和清晰度，以及包装防护措施的牢固度等。

例如：对包装材料的强度、密封性、防潮性等进行检验，以确定其是否符合国家规定的包装材料质量标准。

5. 安全、卫生检验

商品安全检验是指电子电器类商品的漏电检验、绝缘性能检验和X射线辐射检验等。商品卫生检验是指商品中的有毒有害物质及微生物的检验，如食品添加剂中砷、铅、镉的检验，茶叶中农药残留量的检验等。

对于进出口商品的检验除上述内容外，还包括海损鉴定、集装箱检验、进出口商品的残损检验、出口商品的装运技术条件检验、货载衡量、产地证明、价值证明以及其他业务的检验。

七、进出口商品的检验

1. 进出口商品检验检疫的含义

进出口商品检验检疫是指在国际贸易活动中对买卖双方成交的商品由商品检验检疫机构对商品的质量、数量、重量、包装、安全、卫生以及装运条件等进行检验，并对涉及人、动物、植物的传染病、病虫害、疫情等进行检疫的工作，在国际贸易活动中通常简称为商检工作。

2. 商品检验的意义

商检工作是保证国际贸易活动能够顺利进行的重要环节，即商品检验是进出口货物交接过程中不可缺少的一个环节。它是一个国家为保障国家安全，维护国民健康，保护动物、植物和环境而采取的技术法规和行政措施。为了加强对进出口商品的检验工作，我国颁布了《中华人民共和国进出口商品检验法》。该法规定：我国商检机构和商检部门应对进出口商品实施检验；列入目录的进口商品，未经检验的，不准销售、使用；列入目录的出口商品，未经检验合格的，不准出口。

小知识

2022年，上海海关累计对313批检验不合格的进口商品实施退运或销毁处置，对117批检验不合格的出口危险货物包装实施禁止出口处置，持续完善进出口商品质量安全风险预警和快速反应监管体系建设，严把进出口商品质量安全检验关，以实际行动维护关系国计民生的进出口商品质量安全，保障广大消费者合法权益。

3. 商品检验的作用

商品检验的作用主要表现在以下几个方面：

1）作为报关验放的有效证件。

2）买卖双方结算货款的依据。

3）计算运输、仓储等费用的依据。

4）办理索赔的依据。

5）计算关税的依据。

6）作为证明情况、明确责任的证件。

7）作为仲裁、诉讼举证的有效文件。

4. 商品检验的范围

1）法定检验是指根据国家法律、法规的规定，对指定的重要进出口商品的品质进行强制性检验。凡属法定检验范围的商品：由海关凭合格的检验证书验收放行；无检验证书或检验不合格的，一律不准进口、出口。

2）公证鉴定是商检机构根据进出口贸易关系人（进、出口商，承运人，保险人等）的申请或外国检验机构的委托而办理的对商品的鉴定工作。鉴定的范围包括商品的品质、数量、重量、包装、残损、装运技术条件、价值、产地证明等。

知识拓展

《中华人民共和国产品质量法》是为了加强对产品质量的监督管理，提高产品质量水平，明确产品质量责任，保护消费者的合法权益，维护社会经济秩序而制定的。

本章小结

本章从商品质量的概念出发，对商品质量的基本要求和综合体现进行了全面介绍，并详细地介绍了商品标准的概念、类型、基本内容，以及商品检验的概念、方法与内容。

商品质量的概念有狭义和广义之分。狭义的商品质量是指商品与其规定标准技术条件的符合程度，它以国家或国际有关法规、商品标准或订购合同中的有关规定作为最低技术条件，是商品质量的最低要求和合格的依据。广义的商品质量是指商品适合其用途所需的各种特性的综合及其满足消费者需求的程度，是市场商品质量的反映。商品质量可以概括为商品适用性、商品寿命、商品可靠性、商品安全性、商品经济性和商品艺术性六个方面。

商品标准是科学技术和生产力发展水平的一种标志，它既是社会生产力发展到一定程度的产物，又是推动生产力发展的一种手段。

商品检验是指商品的卖方、买方或者第三方在一定条件下，借助某种手段和方法，按照合同、标准或国内外有关法律、法规和惯例，对商品的质量、规格、重量、数量、包装、安全及卫生等方面进行检查，并做出合格与否或通过验收与否的判定。它能够维护买卖双方合法权益，有利于避免或解决各种风险损失和责任划分的争议，便于为商品交接结算出具各种有关证书。

商品质量检验的方法通常分为感官检验法、理化检验法和生物学检验法，其内容包括品质检验、规格检验、数量和重量检验、包装质量检验，以及安全、卫生检验。

第三章 商品包装

 学习导航

包装是保护功能和艺术美感的融合，是实用性和新颖性的创新结合。它不仅赋予了商品独特的个性，而且为商品建立了完美的视觉形象，是商品面向消费者的自我展现。现代商品包装正以其简单明了的造型成为商品不可缺少的组成部分，也成为消费者判断商品质量优劣的先决条件。只有具有符合国家包装政策及标准、契合消费者心理的商品包装的优质商品，才能受到广大消费者的关注和青睐，从而在激烈的市场竞争中稳操胜券。

学习目标

本章主要通过"情景导入"，发挥教师引导学生的作用，结合生活实际介绍有关商品包装的知识。通过本章的学习，你应该达成以下学习目标：

📖 知识目标

- 陈述商品包装的含义。
- 概括商品包装的策略。
- 了解商标的基础知识。

◎ 能力目标

- 能区分运输包装和销售包装。
- 能识别商品包装标志。

📝 素养目标

- 树立"质量就是生命""质量至上、信誉至上"的经商理念。
- 了解国家包装政策及标准，进一步助力我国循环经济体系建设和"双碳"战略目标的实现，加快形成绿色低碳生产生活方式，推动绿色低碳发展。

第一节 商品包装概述

情景导入

当你感到口渴，选购饮料时，面对琳琅满目、各具特色的商品，你该做出何种选择呢？例如，三种不同包装的果汁（玻璃瓶、易拉罐和硬塑料瓶，见图3-1），你会选择哪一种？为什么？

图3-1 "百变"果汁

温馨提示

企业针对不同消费群体的消费心理，设计出各具特色的包装，并制定出不同的价格来满足消费者不同的消费需求。

相关知识

一、什么是商品包装

商品包装是指根据商品特性，使用适宜的包装材料或包装容器，将商品包装或盛装，保持商品完好的状态，以达到保护商品、方便运输、促进销售的目的，是对商品的包裹捆扎物的总称。商品包装和商品是联系在一起、相互依存的统一体。

小知识

我国国家标准《包装术语》（GB/T 4122.1—2008）中对包装做了明确的定义：为在流通过程中保护产品、方便储运、促进销售，按一定技术方法而采用的容器、材料及辅助物等的总体名称。包装也指为了达到上述目的而采用容器、材料和辅助物的过程中施加一定技术方法等的操作活动。

按包装在流通领域中的作用将商品包装分为三个不同的层次，每个层次都会影响其运输方式及实际外观：①内包装，即商品的直接包装，它直接接触商品，与商品同时装配出厂，是作为商品组成部分的包装，如图3-2a所示。内包装上多有图案或文字标识告知客户其用途和其他有效细节。②中包装，即保护内包装的包装物，如图3-2b所示。主要是零售商品的或面向消费者的包装。③外包装，即商品最外面的包装，多是若干个商品集中的包装，如图3-2c所示。商品的外包装上有明显的标记，便于储运、识别。

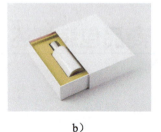

a)　　　　　　　　b)　　　　　　　　c)

图3-2 化妆品的三层包装

知识拓展

国家市场监督管理总局在2021年批准发布《限制商品过度包装要求 食品和化妆品》（GB 23350—2021）强制性国家标准。该标准规范了31类食品、16类化妆品的包装要求，同时严格限定了包装层数，即粮食及其加工品不应超过三层包装，其他食品和化妆品不应超过四层。此外，该标准中的包装空隙率计算方法解决了将初始包装体积做大、增加其他商品等逃避监管的问题。该标准还增加了外包装体积检测、判定规则和不同商品的必要空间系数，有利于引导绿色生产和消费，也有利于实现有效监管。

二、包装的作用

商品包装具有五个方面的作用，如图3-3所示。

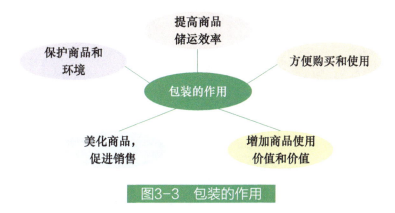

图3-3 包装的作用

1. 保护商品和环境

这是包装最基本的作用，即保护商品的"安全"和"清洁"。商品在流通过程中经过搬运、装卸、运输和贮藏等环节，容易受到振动、挤压，静电、水、温度和湿度的变化及污染等损害和影响，而被破坏、变形、渗漏和变质。适宜的商品包装要有一定的防潮、抗振动和防静电等性能，以便能抵抗各种破坏因素，防止商品受到损害和影响，保证商品的稳定性和安全性，并适当延长商品的保质期。

温馨提示

有些商品属于易燃、易爆、放射、污染或有毒物品，对它们必须采取一定措施，即对它们进行封闭严密的包装，以防泄漏、挥发，对环境和人类造成危害。

2. 提高商品储运效率

包装对小件商品起着集中的作用，如图3-4所示，尤其是对那些本身没有一定的集合形态的商品，如液体、气体和粉状商品。包装上有相关商品的鲜明标记，便于装卸、搬运和堆码，利于简化商品的交接手续，从而提高工作效率。

外包装的体积、长宽高尺寸、重量与运输工具的标重、容积相匹配，对于提高运输工具利用率、节约动力和运费都具有重要的意义。

图3-4 "集合形态"的小件商品

3. 方便购买和使用

合理的商品包装，其绘图、商标和文字说明等既展示了商品的内在品质，方便消费者识别，又介绍了商品的成分、性质、用途和使用方法，便于消费者购买、使用和贮存（见图3-5）。包装是商品差异化的基础之一，一个设计独特、新颖大方并且具有强烈视觉冲击力的包装可以使本企业商品有别于其他同类商品，方便消费者分辨和挑选。

图3-5 "方便识别"的包装

温馨提示

许多食品企业在商品包装上印有多种烹制方法，可使消费者了解这种商品的用法，增强了购买和重复购买的可能性。

4. 美化商品，促进销售

俗话说："货卖一张皮。"这个"皮"就是商品的包装或外观。人靠衣裳，佛靠金装，商品靠包装。精美的包装可与同类竞争商品相区别，并且不易被仿制、假冒、伪造。美丽的图案装饰、雕刻造型给人以美的享受，通过视觉、触觉、嗅觉等为广大消费者或用户所瞩目，能引导和激发消费者的购买动机和重复购买的兴趣（见图3-6），特别是在当今人们的物质生活和文化生活水平不断提高的情况下，包装更成为消费者购买商品时考虑的重要因素。

图3-6 "美味食品"的包装

★ 如图3-6所示的包装，会不会勾起你探究的欲望：究竟是什么东西这么美味？

四个牛奶盒就能召唤出一只猫

在包装设计竞争激烈的乳制品行业，Milgrad牛奶另辟蹊径，走了可爱路线。简洁的白色包装上，蓝色的猫咪大使四处"穿梭"，每个喜爱猫的人都能在包装上找到熟悉的身影。这个包装最有趣的地方是可以将四盒牛奶放在一起拼成一只完整的猫（见图3-7）。将该牛奶摆在货架上，很容易让人忍不住一次买四盒回家，让牛奶销量增加。

图3-7　四盒牛奶放在一起

5. 增加商品使用价值和价值

新颖独特、精美合理的包装是商品价值增加的重要手段之一。合理的包装不仅可以使商品与包装相得益彰，避免"一等商品，二等包装，三等价格"的现象，而且延长了商品的自然寿命，使商品的使用价值增加，具有提高商品身价的功能。消费者或用户愿意出较高的价格购买，从而使企业增加销售收入。

包装具有保护、展示、储存、运输商品等功能，但过度包装超出了包装的正常要求，表现为包装层数过多、包装空隙过大、包装成本过高、选材用料不当等。商品过度包装不仅增加了消费者负担，而且造成了资源浪费和环境污染，也助长了奢靡的社会风气。国务院办公厅印发《关于进一步加强商品过度包装治理的通知》（国办发〔2022〕29号），部署强化商品过度包装全链条治理，在生产、销售、交付、回收等各环节明确工作要求。

第二节　商品包装策略

当你选购洗涤用品时，是否留意到货架上那些包装相似的商品？它们是同一厂家的商品吗？例如"立白"系列产品的包装（见图3-8），为什么企业会采用这种类似包装策略呢？

图3-8　"立白"系列产品包装

常见的商品包装策略主要有八种，如图3-9所示。

图3-9 商品包装策略

1. 类似包装策略

类似包装策略是指企业生产经营的各种产品，均采用相同或相近的图案、色彩等共同的特征，以使消费者容易辨认。它能有效地节约设计和印刷成本，同时树立鲜明的企业形象，有利于新产品的推出。但是这种包装策略也有可能因个别产品质量下降而影响其他产品的销售，一旦质量水平相差悬殊，有可能使其中的某些产品蒙受损失，所以它比较适用于相同或相近质量水平的不同产品。

> **小例子**
>
> 绝大多数洗衣粉在包装设计的定位上强调干净、清洁、清爽，因此在包装设计的色彩上都采用绿色、蓝色、青色等与白色搭配，以突出其定位。立白洗衣粉的"立白"二字采用红色以突出产品的活力性、高效性。由于大多数洗衣粉包装采用冷色调，"立白"文字作为在色彩上与之对比强烈的包装引人注目，就好像"万绿丛中一点红"，起到意想不到的效果。

2. 配套包装策略

配套包装策略又称系列包装策略，是指企业根据消费者的消费习惯，将数种有关联的产品配套包装在一起并成套供应，便于消费者购买、使用和携带，还可降低包装成本，扩大产品销售，如图3-10所示。如果在配套产品中加上某种新产品，就可以使消费者不知不觉地习惯使用新产品，有利于新产品上市和普及。

图3-10 采用配套包装策略的产品

3. 习惯使用包装策略

习惯使用包装策略是指企业根据消费者的使用习惯来设计不同规格的包装。这样的包装既能给消费者带来方便，又可以起到促销的作用。

> **小例子**
>
> 茶叶和咖啡等产品，为适应家庭消费的习惯采用大号包装，为适应外出旅游、出差、户外野餐的需要采用各种小包装等。

4. 复用包装策略

复用包装策略是指企业原包装的产品用完以后，包装可以回收再使用，能够大幅降低包装费用，节省开支，促进商品的周转，减少环境污染，也有利于激发消费者的购买兴趣，促进产品销售，如图3-11所示。

图3-11 采用复用包装策略的产品

知识拓展

党的二十大报告明确提出，推动绿色发展。2020年，国家发展和改革委员会与司法部联合印发的《关于加快建立绿色生产和消费法规政策体系的意见》中明确指出：加快建立健全快递、电子商务、外卖等领域绿色包装的法律、标准、政策体系，减少过度包装和一次性用品使用，鼓励使用可降解、可循环利用的包装材料、物流器具。

5. 附赠品包装策略

附赠品包装策略是指企业通过向消费者赠送小包装的新产品或其他产品，来介绍某种产品的性能、特点和功效，以达到促进销售的目的。附送赠品促销的形式包括外置增量式和内置增量式两类。外置增量式包括商品附送赠品、商品包装赠品、付费赠品、样品赠送等；内置增量式即加量不加价。

小例子

企业为了促进儿童商品的销售，在儿童商品包装内配备玩具或卡通卡片，刺激孩子们的购买欲望，使产品迅速打开市场，为企业赢得稳定的利润。

6. 等级包装策略

等级包装策略是指企业按照商品的质量、价值将商品分成不同的等级，不同等级采用不同的包装，同等级商品采用相同的包装，如图3-12所示。不同等级的商品包装有各自的特点，易于区分，使消费者根据包装就可选择商品，可以适应和满足不同层次消费者的购买力和购买心理。

图3-12 采用等级包装策略的茶叶

7. 性别包装策略

性别包装策略是指企业根据不同的性别设计不同的商品包装。女性用品包装体现温馨、秀丽、典雅、新颖等风格，男性用品包装追求刚正、质朴、潇洒等风格，目的在于满足不同性别消费者的需求。

香 水 包 装

　　在仿自然香水包装设计中，女性的设计有花朵、水滴、蝴蝶、孔雀、叶子、月亮等。花朵在女性香水包装设计中是运用得最多的元素；水滴的寓意是女性纯净白皙的皮肤以及晶莹剔透的内心；蝴蝶和孔雀都是自然界中具备外形美、色彩美的物种。在男性香水包装设计中，仿自然设计只有形体和水滴形态，形体特征能够体现男性的刚性美，水滴则代表运动中的男性，体现男性运动的魅力。

8. 差异化包装策略

　　差异化包装策略是指企业的各种产品都有自己的独特包装，在设计图案、色彩、风格、材料等方面有明显差别。这种策略能使产品有较强的独立性，可避免因某一产品的销售失败而影响其他产品的声誉，但同时会增加包装设计费用和促销费用。

第三节　运输包装和销售包装

情景导入

　　选购商品时，你是否注意到了商品的包装形式？如图3-13所示，为何商品选用的包装材料不同？不同包装形式的目的又是什么呢？

相关知识

图3-13　运输包装和销售包装

一、认识运输包装和销售包装

　　运输包装和销售包装的区别见表3-1。

表3-1　运输包装和销售包装的区别

项　　目	运 输 包 装	销 售 包 装
概念	大包装或外包装	小包装
目的	方便运输，保障商品安全，方便储运、装卸，加速交接与点验	直接盛装商品并同商品一起出售给消费者
特点和作用	容积大，结构坚固，标志清晰，提高产品储运效率	保护商品和环境；美化商品，促进销售；便于商品陈列；方便购买和使用，增加商品的价值和使用价值
形式	箱型包装、桶型包装、袋型包装、集合包装	悬挂式包装、透明式包装、开窗式包装、配套包装、组合包装、分散包装、礼品包装

二、包装形式

1. 运输包装的形式

运输包装是指为了尽可能减少运输流通过程对产品造成的损坏，保障产品的安全，方便储运、装卸，加速交接与点验，以运输储运为主要目的的包装。运输包装的形式如图3-14所示。

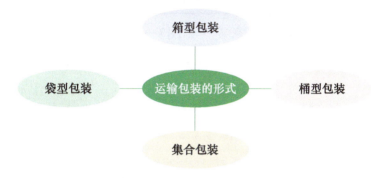

图3-14 运输包装的形式

（1）箱型包装。常见的箱型包装有纸箱（见图3-15a）和木箱（见图3-15b）。其区别见表3-2。

a）　　　　　　　　　　　　b）

图3-15 箱型包装

a）纸箱 b）木箱

表3-2 纸箱和木箱的区别

项 目	纸 箱	木 箱
材料	瓦楞纸	木板、胶合板、纤维板
特点	重量轻，成本低，牢固，开启方便，防尘，便于捆扎、搬运，易于折叠平放，占地面积少，可回收复用	耐压，耐震，体积大，载重量大，可重复使用，笨重，不易开启，占地面积大

（2）桶型包装。常见的桶型包装有金属桶（见图3-16a）、纸桶（见图3-16b）、塑料桶（见图3-16c）、木桶和纸板合成桶。其区别见表3-3。

a）　　　　　　　　　　b）　　　　　　　　　c）

图3-16 桶型包装

a）金属桶 b）纸桶 c）塑料桶

表3-3　桶型各种包装形式的区别

项　目	金 属 桶	纸 　桶	塑 料 桶	木 　桶	纸板合成桶
材料	铁、可锻铸铁	纸	聚乙烯、聚酯等塑料	胶合板桶、纤维板桶、松木桶	纸板加黏合剂
特点	坚固耐用，防渗漏，防腐蚀	质量轻，易回收，加工周期短，造价低	质轻，耐腐蚀，不易破碎	透湿，隔潮	强度高，有一定弹性，不氧化，不污染，防静电

（3）袋型包装。常见的袋型包装有麻袋（见图3-17a）、布袋（见图3-17b）、纸袋（见图3-17c）和塑料袋（见图3-17d）。其区别见表3-4。

a）　　　　　　　　　b）　　　　c）　　　　　d）

图3-17　袋型包装

a）麻袋　b）布袋　c）纸袋　d）塑料袋

表3-4　袋型各种包装形式的区别

项　目	麻 　袋	布 　袋	纸 　袋	塑 料 袋
材料	槿麻、黄麻	布	纸	聚乙烯、聚酯等塑料
特点	吸湿性好，散失水分快	天然环保，易清洗，耐用	无毒，无味，透气，易降解，易回收，易再生	质轻，耐腐蚀，不易破碎

小知识

袋型包装主要用于谷物、豆类、砂糖、化工原料、化学肥料，以及粉状、颗粒状或块状商品的包装。

（4）集合包装。常见的集合包装有集装袋（见图3-18a）、集装箱（见图3-18b）和托盘组合包装（见图3-18c）。其区别见表3-5。

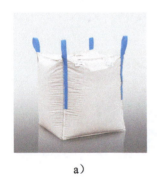 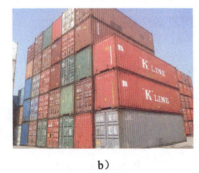 

a）　　　　　　　　　　b）　　　　　　　　　　c）

图3-18　集合包装

a）集装袋　b）集装箱　c）托盘组合包装

表3-5 集合包装各种形式的区别

项 目	集 装 袋	集 装 箱	托盘组合包装
材料	塑料重叠丝	钢材、铝合金板、纤维板	木材、塑料、金属材料、玻璃纤维
特点	重量轻，柔软可折叠，体积小，装载量大，每袋可装1～4吨的货物，并能重复使用	安全、简便、迅速、节约，便于机械和自动化装卸，可装5～40吨各类商品，常用于铁路、公路和海上远程运输	可重复使用，耐腐蚀，卫生性好，节省费用，减少商品损耗，装货量0.5～2吨

集合包装具有提高港口装卸效率、减轻劳动强度、节省装运费用、保护商品、减少损耗和促进商品包装标准化等优点。

2. 销售包装的形式

销售包装又称内包装或小包装，是指直接接触商品并随商品进入零售网点和消费者直接见面的包装。销售包装的形式如图3-19所示。

图3-19 销售包装的形式

（1）悬挂式包装。悬挂式包装是当前最流行的包装方式之一，主要有：①纸卡式包装，多用于小手工工具和厨房用品包装，如图3-20a所示；②泡罩式包装，多用于玩具、文教用品、工艺品及各式胸花等，如图3-20b所示；③贴体式包装，多用于日用品、打火机、小刀和办公用具等，如图3-20c所示；④袋装式包装，多用于扳手、日常工具和旅行用具等，如图3-20d所示。

a)   b)   c)   d)

图3-20 悬挂式包装

a）纸卡式包装 b）泡罩式包装 c）贴体式包装 d）袋装式包装

（2）透明式包装和开窗式包装。透明式包装和开窗式包装是指采用透明包装材料，便于消费者观察和购买的包装，如图3-21a和图3-21b所示。它们多用于高级服装、内衣、毛衣和工艺品等的包装，便于消费者观察，易引起消费者的兴趣、购买欲望，包装上配有精美图案，以突出商品的特点。

（3）配套包装和组合包装。配套包装是将各种相互搭配使用的商品包装在一起，便于消费者购买和使用，如图3-22a所示。成套化妆品、床上用品和文教用品等常用这种包装。组合包装是将几种不同品种的商品组合在一起，成组出售，如罐头、酒类、饮料、调味品、小食品等，如图3-22b所示。

（4）分散包装。分散包装与配套包装相反，分散包装是将原来的整件商品分成小包装，主要用于食品、药品等的包装，如图3-23所示。

（5）礼品包装。礼品包装是用特制的装饰材料将商品包扎起来，使礼品显得精美、大方、典雅、高贵、不同寻常，如图3-24所示。礼品包装越来越被人们青睐。

a)   b)   a)   b)

图3-21　透明式包装和开窗式包装　　　　　　图3-22　配套包装和组合包装

a）透明式包装　b）开窗式包装　　　　　　　a）配套包装　b）组合包装

图3-23　分散包装　　　　　　　　　　　图3-24　礼品包装

知识拓展

　　2020年，国家发展和改革委员会与生态环境部等部门共同印发了《关于进一步加强塑料污染治理的意见》和《关于扎实推进塑料污染治理工作的通知》，明确提出积极应对塑料污染。政策的主要实施目标：2020年，率先在部分地区、部分领域禁止、限制部分塑料制品的生产、销售和使用。到2022年，一次性塑料制品消费量明显减少，替代产品得到推广，塑料废弃物资源化能源化利用比例大幅提升；在塑料污染问题突出领域和电商、快递、外卖等新兴领域，形成一批可复制、可推广的塑料减量和绿色物流模式。到2025年，塑料制品生产、流通、消费和回收处置等环节的管理制度基本建立，多元共治体系基本形成，替代产品开发应用水平进一步提升，重点城市塑料垃圾填埋量大幅降低，塑料污染得到有效控制。

第四节　**商品包装标志**

情景导入

　　当你在超市购买一箱牛奶时，你是否注意到了商品包装标志（见图3-25）？它们分别代表什么含义？

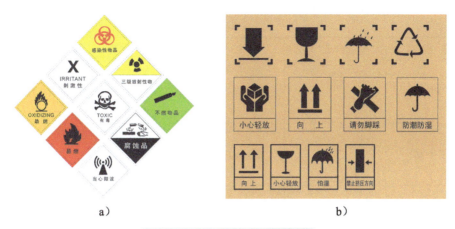

a)　　　　　　　　　　　　　　　b)

图3-25 商品包装标志

相关知识

一、认识商品包装标志

商品包装标志是指用来指明包装内容物的性质，为了满足运输、装卸、搬运、储存、堆码等的安全要求或理货分运的需要，在外包装上用图像或文字表明的规定记号。

二、包装标志的分类

包装标志的分类，如图3-26所示。

1. 运输标志

运输标志一般由一个简单的几何图形以及字母、数字等组成，内容包括目的地名称或代号、收货人或发货人的代用简字或代号、件号（即标明该批货物的总件数）、体积（长×宽×高）、重量（即毛重、净重、皮重）以及生产国家或地区等。

图3-26 包装标志的分类

小知识

运输标志的作用是使货物在运输过程中的每个环节便于识别，以免发生错装、错运、错转、错交和无法交付等情况。

2. 指示性标志

指示性标志是指为了保证商品安全，告知从事运输、装卸、保管的作业人员如何进行安全操作的图像、文字记号，内容包括指示商品性质及商品堆放、开启和吊运等的方法，并按商品的特点，对易碎、需防湿和防颠倒等商品，在包装上用醒目图形或文字标明"小心轻放""防潮湿"和"此端向上"等，见表3-6。

表3-6 指示性标志

序 号	标志名称	标志图形	含 义
1	易碎物品		运输包装件内装易碎品，因此搬运时应小心轻放
2	禁用手钩		搬运运输包装件时禁用手钩
3	向上		表明运输包装件的正确位置是竖直向上
4	怕晒		表明运输包装件不能直接照晒
5	怕辐射		包装物品一旦受辐射便会完全变质或损坏
6	怕雨		包装件禁止雨淋
7	重心		表明一个单元货物的重心
8	禁止翻滚		不能翻滚运输包装
9	此面禁用手推车		搬运货物时此面禁放手推车
10	禁用叉车		不能用升降叉车搬运的包装件
11	由此夹起		表明装运货物时夹钳放置的位置
12	此处不能卡夹		表明装卸货物时此处不能用夹钳夹持
13	堆码重量极限		表明该运输包装件所能承受的最大重量
14	堆码层数极限		相同包装的最大堆码层数，n 表示层数极限

（续）

序　号	标志名称	标志图形	含　义
15	禁止堆码		该包装件不能堆码并且其上也不能放置其他负载
16	由此吊起		起吊货物时挂链条的位置
17	温度极限		表明运输包装件应该保持的温度极限

小知识

指示性标志主要表示商品的性质及商品堆放、开启和吊运等的方法，用来指示运输、装卸、保管人员在作业时需要注意的事项，以保证商品的安全。

3. 危险品标志

危险品标志是指用来标识该种危险品的物理、化学性质以及其危险程度的图像和文字记号，内容包括标示爆炸品、易燃品、有毒品和腐蚀品等。

小知识

在水、陆、空运危险货物的外包装上拴挂、印刷或标打危险品标志，可提醒人们在运输、储存、保管、搬运等活动中注意。

第五节　商　标

>>> **情景导入** <<<

面对你熟悉的商标，如图3-27所示，请说明它们分别由什么组成。

a)　　　　　　　　b)　　　　　　　　c)

图3-27　商标

一、什么是商标

商标俗称牌子，它一般由文字、图形或者其组合构成，附着在商品、商品包装服务设施或者相关的广告宣传品上，显著而醒目，成为消费者认牌购物的消费指南和经营者品牌战略的营销手段。

二、商标的作用

商标作为商品或服务项目的专用标记，对于鼓励生产或经营企业开展正当竞争、维护消费者的合法权益具有十分重要的意义。商标的作用主要表现在四个方面，如图3-28所示。

图3-28　商标的作用

1. 识别商品或服务项目

商标最本质、最基本的作用是区别商品或服务是否相同。商标是识别商品或服务最简便、最有效的手段，因此有人形象地把商标比喻为商品的"脸"。

> **小例子**
>
> 当你看到华为、小米、海尔这些商标时，你便会联想到其系列产品的品质、功能、外观等信息。商标在识别商品或服务项目以及开展企业活动中具有重要作用。

2. 监督商品或服务质量

商标本身不是商品质量的标志，但是商标的信誉却取决于商品的质量。商品质量越好，商标的信誉就越高，商品的质量是商标信誉的灵魂。商标可以促进生产者重视商标信誉，提高商品质量。

3. 指导商品选购

消费者选购商品时，无论是慕名而来，还是使用上的习惯，或者是对某种商品的新尝试，首先看到的都是商标标志。商品利用商标吸引顾客，引导和刺激消费。

> **小例子**
>
> 当你进入超市时，货架上商品最醒目的地方就是它们的商标，商标以文字、精美的图形和色彩吸引你的眼球，指导你的选购。

4. 广告宣传

商标是一种有效的广告宣传手段。消费者使用带有商标的商品，如果他们对商品的质量、价格、耐用程度等产生了良好的印象，就会努力把这种印象推广到其他消费者，从而使经营者的产品或服务深入人心。在这一过程中，商标起到了无声推销员的作用，发挥了其广告宣传的作用。

三、商标的分类

商标的分类，如图3-29所示。

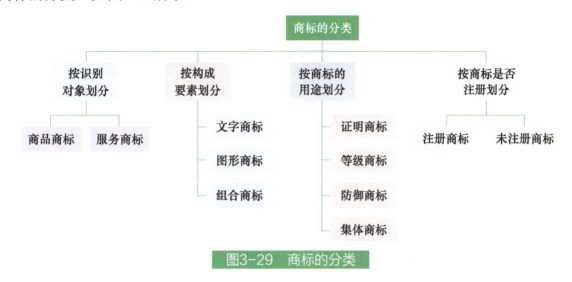

图3-29 商标的分类

1. 根据识别对象不同分类

根据识别对象不同，商标可划分为商品商标和服务商标。商品商标是指商品的生产者或经营者为了将自己生产或经营的商品与他人生产或经营的商品区别开来，而使用的文字、图形或其组合标志，如图3-30a所示。服务商标是指提供服务的经营者为将自己提供的服务与他人提供的服务区别开来而使用的标志，也称服务标记，如图3-30b所示。它是商品商标的延伸和扩展。

图3-30 商品商标和服务商标

a) 商品商标 b) 服务商标

2. 根据构成要素不同分类

根据构成要素不同，商标可划分为文字商标、图形商标和组合商标。文字商标是指以各种语言文字、字母、拼音、数字或者它们的组合等形式出现的商标。图形商标是指由平面图形或者几何图案构成的商标。组合商标是指由文字、图形、记号和数字等组合而成的商标。

3. 根据商标用途不同分类

根据商标用途不同，商标可划分为证明商标、等级商标、防御商标和集体商标等。

证明商标是用来表示生产、加工、制造的产品或者提供的服务在质量、性能、原料选材、精密度及其他方面都达到了规定的标准的一种商标。

小例子

绿色食品标志、真皮标志、国际羊毛局的纯羊毛标志，以及安溪铁观音、库尔勒香梨和金华火腿等的标志都属于证明商标。

等级商标是指一些大企业在商标使用和管理过程中总结出来的一种商标，其目的是区别系列产品的档次，即一种质量的产品，使用一个商标，确定一种价格，使消费者一见到某种商标的商品，就知晓该商品的质量和档次。

防御商标是指商标所有人在自己的注册商标成为驰名商标之后，将这个商标在非使用的商品或者服务上申请注册。

集体商标是指行业协会、工商协会或者其他集体、社团所拥有的供其成员共同使用的商标，由其组织成员用于商品或服务项目上，以便与非成员所提供的商品或服务相区别，如佛山陶瓷、佛山童装和澜石不锈钢等优势传统产业采用的集体商标。

4. 根据商标是否注册分类

根据商标是否注册，商标可划分为注册商标和未注册商标。注册商标是指经国家商标主管机关核准注册而使用的商标。未注册商标又称为非注册商标，是指未经国家商标主管机关核准注册而自行使用的商标。在我国，除了人用药品、烟草制品、兽药等法律、行政法规规定必须使用注册商标的商品外，其他商品既可以使用注册商标，也可以使用未注册商标。

本章小结

本章从商品包装的概念出发，对商品包装的作用做了讲解，介绍了运输包装、销售包装以及包装标志，阐述了商品包装标志、商标作用。学习中应围绕商品包装的作用来理解商品包装的相关问题。

商品包装是指根据商品特性，使用适宜的包装材料或包装容器，将商品包装或盛装，保持商品完好的状态，以达到保护商品、方便运输、促进销售的目的，是对商品的包裹捆扎物的总称。

商品包装标志是商品包装的主要组成部分，是为了满足运输、装卸、搬运、储存、堆码等的安全要求或理货分运的需要，在外包装上用图像或文字表明的规定记号。根据其作用不同，可分为运输标志、指示性标志和危险品标志。

商标是商品生产者和经营者的独特标记，其目的在于识别商品，便于市场竞争，利于商品质量监管等。

第四章　商品的科学养护

学习导航

商品的储存与养护是商品经营的重要工作。商品储存是指当商品离开生产领域，尚未进入消费过程之前，在商品流通阶段形成"停滞"的存放过程。商品养护则是对储运商品实施保养和维护的技术管理工作。在商品储运过程中，由于其成分、结构和性质，在外界环境因素的作用下会出现一定的变质和损耗，因此采取有效的养护技术措施，以有效地维护商品质量，减少商品损耗。

学习目标

本章通过"情景导入"，结合生活实际，发挥教师引导、学生主体的作用，激发学习兴趣。通过本章的学习，你应该达成以下学习目标：

知识目标

- 认识商品储存。
- 陈述商品发生质量变化的形式。
- 列举商品养护措施。

能力目标

- 能根据生活中某些商品的现象分析商品质量变化的形式，学会运用合适的养护措施保证商品质量。

素养目标

- 树立商品质量意识，培养踏实肯干、严谨科学的工作态度。

第一节　商品储存

情景导入

水果含有丰富的维生素、膳食纤维等营养物质，对人体健康有益。当购买水果（见图4-1）之后，你知道如何存放才能保证它们既新鲜又营养吗？说说你的储存方法！

图4-1 新鲜的水果

一、商品储存概述

商品储存是指当商品离开生产领域，尚未进入消费过程之前，在商品流通阶段形成"停滞"的存放过程。商品储存是调节市场供求、保证市场供应、满足消费者需要的必要手段。

1. 商品储存的种类

根据商品储存的目的与作用，商品储存可分为季节性储存、周转性储存和储备性储存。

（1）季节性储存。季节性储存是由于季节生产、常年消费，或者常年生产、季节消费而形成的商品储存。季节性储存主要解决商品生产与商品消费不同步的矛盾，如图4-2所示。

图4-2 "季节性储存"的商品

温馨提示

月饼不宜采用室温保存，应带包装存放在冰箱内，在保鲜层中可保存2周左右，在冷冻层中存放时间会长些。

（2）周转性储存。商品生产与消费存在异地性，商品运输存在间断性，为实现商品消费，完成商品空间位置的转移，保证商品市场均衡供应，维持正常经营而进行的储存称为周转性储存。其储存量取决于企业的经营能力、资金实力和管理水平等。

（3）储备性储存。储备性储存又称国家储备，是指防备灾荒、战争或其他紧急情况而进行的物资储备。一般储备涉及国计民生的物资，如图4-3所示。

图4-3 "储备性储存"的商品

2. 商品储存的原则

（1）减少损耗、确保商品安全的原则。要采取科学的储存与养护方法，完善规章制度，强化仓库管理，加强防护设施，确保商品储存期间的质量安全。

（2）简化手续、方便出入库的原则。商品储存要求做到堆码整齐，排列有序，标志明显，出入库手续简便，同时依据"先进先出"原则做好商品储存期间的周转工作。

（3）厉行节约、降低储存费用的原则。商品储存要合理利用库房空间，有效利用设备设施，最大限度地提高资源利用率，减少人力、物力和财力的消耗，努力降低储存费用，提高商品储存的经济效益。

知识拓展

物资储备是指经过精心筹划和组织，储备一定数量和种类的必需品，如食品、燃料、药品、医疗器械和生活用品等，以备不时之需的一种应急准备措施。它不仅能够应对各种突发事件和自然灾害，还能保障社会的稳定和人民的安全。

2015年4月3日，国家发展和改革委员会、财政部令第24号公布《国家物资储备管理规定》，以规范国家物资储备活动，保障国家物资储备有序发展并及时有效地发挥作用，已于2015年6月1日施行。

二、商品储存的基本条件

1. 仓库

仓库是储存商品的场所。由于商品原材料不同，形成商品的自然属性不同，商品的性能、特点不同，因此商品储存的条件和要求也不同。

（1）建造适应商品储存整体功能需要的仓库。要根据商品储存的性质建造不同类型的仓库，见表4-1。

表4-1　不同类型仓库的比较

仓库类型	特　征	储存物资
通用仓库	用于储存一般商品	工业品、农副产品等
专用仓库	专门储存那些储存技术条件较高、不宜与其他类商品混合存放的专类商品	茶叶、卷烟、果品、肉食品等
特种仓库	储存具有特殊性质、要求特殊储备设施和技术条件的商品	危险品、冷藏保鲜

（2）仓库设计与建造必须遵循有利于商品安全储存的原则。仓库地址应选择地下水位低，土质坚硬，通风、排水条件良好，交通方便，环境安全，无污染的地方。

小知识

在全国重点文物保护单位"半坡遗址"中，发现了围沟、房址、灰坑、墓葬、窑址等多处遗址，并出土大量陶器、石器、骨器，涵盖生活用具和生产工具。灰坑，也被称为"窖穴"，主要用来储藏食物和用具。它们和房屋交错在一起，密集地分布在居住区内。它们是我国古代人类对于仓库的早期运用，以此来改善自己的物质条件及生活环境。

2. 储存设施和设备

由于商品储存的工作内容各有不同，因而需要配置不同的储存设施和设备，见表4-2。

表4-2　储存设施和设备的应用比较

目 的	需要配置的设施和设备
承担储存任务	搬运、堆码机械，检验、计量设施
养护工作	吸湿、降温、保温、通风等设施
储存条件	防潮、防火、防盗、防洪、防震、防虫、防鼠等设备及设施

第二节　商品养护

情景导入

在生活中，我们经常会看见如图4-4所示的发霉商品，但你知道它们发霉的原因吗？我们如何进行商品养护，以保证商品原有的品质呢？

图4-4　发霉的商品

相关知识

一、商品质量变化

商品在储存过程中的质量变化的主要形式有物理变化、机械变化、化学变化、生理生化变化及某些生物活动引起的生物学变化等，具体内容见表4-3。

表4-3　商品质量变化形式

变化形式	特　征	现　象
物理变化	商品仅改变其本身的外部形态（如气态、液态和固态"三态"之间发生的变化），不改变其本质，在变化过程中没有新物质生成，并且可以反复变化的现象	挥发、溶化、熔化、渗漏、串味、脆裂、干缩、沉淀和玷污等
机械变化	商品在外力的作用下，发生形态上的变化。商品的机械变化会使商品的数量减少或失去使用价值	破碎、变形和散落等

（续）

变化形式	特 征	现 象
化学变化	商品在流通和使用过程中，受到光线、空气、水、热、酸和碱等因素的影响，其成分发生了化学反应。化学变化既改变商品的外表形态，也改变商品的本质，并有新物质生成，且不能恢复原状	氧化、分解、水解、锈蚀、风化、老化、聚合、燃烧和爆炸等
生理生化变化	有生命活动的有机体商品在生长发育过程中，为了维持它们的生命而进行的一系列生理变化	后熟作用、发芽、抽苔、胚胎发育和软化等
生物学变化	由微生物、仓库害虫以及鼠类生物造成的商品质量变化	霉腐、发酵、虫蛀和鼠咬等

二、商品质量变化的影响因素

影响商品质量变化的因素有内因和外因两方面。其中，内因是变化的前提，外因是变化的条件。

1. 内因

影响商品质量变化的内因主要是指商品的物理性质、机械性质、化学性质、化学成分和商品结构等因素。这些因素都是在商品制造中形成的，在商品储存过程中，要充分考虑这些因素，创造适宜的储存条件，减少或避免商品内因发生作用而造成商品质量的变化。

2. 外因

外因通过内因发挥作用。商品质量变化的外因可分为社会因素和自然因素两方面。社会因素包括国家的方针政策、经济发展形势、技术政策，以及企业管理、人员素质、规章制度、物流设备等。这些因素影响商品的储存规模、储存水平及储存时间，对储存质量具有间接影响。自然因素包括温度、湿度、有害气体、日光、尘土、杂物、虫鼠和自然灾害等。

小知识

有的商品怕热，如油毡、复写纸、各种橡胶制品及蜡等，如果储存温度超过要求就会发黏、熔化或变质。有的商品怕冻，如医药针剂、口服液、墨水、乳胶、水果等，会因库存温度过低冻结、沉淀或失效。

三、商品养护措施

商品养护的主要措施有4种，如图4-5所示。

图4-5 商品养护措施

1. 防霉腐方法

（1）药剂防霉腐。药剂防霉腐是指利用化学药剂，使霉腐微生物的细胞和新陈代谢活动受到破坏或抑制，进而杀菌或抑菌，以防止商品霉腐的一种方法。防霉腐药剂的选用，应考虑低毒、高效、无副作用、价廉等原则，而且在使用时还必须考虑对人体健康有无影响及对环境有无污染等。

小知识

用于工业品的防霉腐药剂有水杨酰苯胺、多菌灵及洁而灭等，它们常用于纺织品、鞋帽、皮革、纸张及竹木制品等商品的防霉腐；用于食品的防霉腐药剂有苯甲酸及其钠盐、山梨酸及其钾盐等，它们常用于汽水、面酱、蜜饯、罐头等食品的防霉腐。

（2）气相防霉腐。气相防霉腐是指使用具有挥发性的防霉腐剂，通过其挥发出来的气体直接与霉腐微生物接触而杀死或抑制霉腐微生物生长繁殖，以达到防霉腐目的的一种方法。气相防霉腐剂只有与密封仓库、大型塑料膜罩或其他密封包装配合使用，才能获得理想的效果。在使用中还应注意安全，严防具有毒性的挥发性气体对人体造成伤害。

小知识

工业品常用的气相防霉腐剂有多聚甲醛、环氧乙烷等，常用于皮革制品等日用工业品的防霉。

（3）气调防霉腐。气调防霉腐是指依据好氧性微生物需氧代谢的特性，通过调节密封环境（如气调库、商品包装等）中气体的成分，降低氧气浓度来抑制霉腐微生物的生理活动、酶的活性并降低鲜活食品的呼吸强度，以达到防霉腐和保鲜目的的一种方法。

小知识

气调防霉腐需要有适当低温条件的配合，才能较长时间地保持鲜活食品的新鲜度。气调防霉腐可用于水果、蔬菜的保鲜，近年来也开始用于粮食、油料、肉及肉制品、鱼类、鲜蛋和茶叶等多种食品的保鲜。

（4）低温防霉腐。低温防霉腐是指利用低温抑制霉腐微生物的繁殖和酶的活性，达到防霉腐目的的一种食品储藏法。它不仅能防霉腐，而且能较好地保持食品原有的新鲜度、风味品质和营养价值。低温防霉腐主要有冷却法和冷冻法两种，见表4-4。

表4-4 低温防霉腐两种方法的比较

方　　法	温度控制	作　　用	适 用 范 围
冷却法	0~10℃	能较好地保持食品的风味品质，储存期较短	水果、蔬菜、鲜蛋、鲜肉、鲜鱼、鲜奶、奶制品、啤酒等
冷冻法	0℃以下	能很好地保持食品的风味品质，储存期较长	肉类、冷饮、水饺、元宵等

（5）干燥防霉腐。干燥防霉腐是指利用干燥或脱水措施降低商品的含水量，使其水分含量在安全储运水分之下，抑制霉腐微生物的生理活动，以达到防霉腐目的的一种储藏方法。这种方法可较长时间地保持商品质量，而且商品成分的化学变化较小，常用于粮食及各种食品的储藏。干燥防霉腐有自然干燥法和人工干燥法，见表4-5。

表4-5 干燥防霉腐两种方法的比较

方　法	形　式	自然条件	质　量	费　用
自然干燥法	利用日晒、风吹、阴凉等自然条件，使食品脱水干燥	受气候和地区等自然条件的限制	干燥时间长，商品易发生腐败变质现象	经济、方便
人工干燥法	利用热风、远红外线、微波等手段，对食品进行脱水干燥	不受气候条件的限制	干燥时间短，能保持食品质量和减少损耗	需要一定的设备和技术，能耗较大，费用较高

（6）加热灭菌防霉腐。加热灭菌防霉腐是指食品经加热处理，杀灭引起食品变质的微生物，破坏食品中酶的活性，从而达到防霉腐目的的一种方法。加热灭菌的食品需有密封的包装，使内装物与外界隔绝，防止微生物的第二次污染和氧气的侵入，以利于食品的长期储藏，如图4-6所示。

图4-6 适合用于加热灭菌防霉腐的商品

（7）腌渍防霉腐。腌渍防霉腐是指利用食盐或食糖溶液产生高渗透压和低水分活度，或者通过微生物的正常发酵降低环境的pH值，抑制有害微生物生长繁殖，进而防霉腐的一种方法。为了获得食品更好的感官品质，保证食品卫生及营养价值，还常添加适当的调味品、香料、发色剂和抗氧化剂等物质。腌渍防霉腐主要有盐腌法、糖渍法和酸渍法，见表4-6。

表4-6 腌渍防霉腐三种方法的比较

方　法	主要应用对象
盐腌法	腊肉、咸蛋、咸鱼、咸菜等
糖渍法	果脯、蜜饯等
酸渍法	酸黄瓜、泡菜、酸奶等

（8）辐射防霉腐。辐射防霉腐是指利用穿透力极强的射线照射食品，杀灭食品中的微生物，破坏酶的活性，抑制鲜活食品的生理活动，从而达到防霉腐目的的一种食品储藏方法。

2. 防锈蚀方法

金属商品的电化学锈蚀是造成商品损失的重要因素之一，所以做好金属商品的防锈蚀工作非常重要。在储存过程中主要使用的防锈蚀方法有涂油防锈、气相防锈和可剥性塑料封存三种，见表4-7。

表4-7 三种主要防锈蚀方法的比较

防锈蚀方法	防锈蚀形式	特　点	常用防锈剂
涂油防锈	金属表面涂覆一层油脂薄膜	短期防锈，金属商品会重新生锈	凡士林、黄蜡油、机油和防锈油
气相防锈	利用挥发性气相防锈剂在金属制品周围挥发出缓蚀气体	使用方便，封存期长，使用范围广	亚硝酸二环己胺、肉桂酸、福尔马林
可剥性塑料封存	用高分子合成树脂制成的塑料喷涂于金属表面，形成可以剥落的塑料薄膜	防锈期长	聚乙烯树脂、过氯乙烯树脂

3. 防治害虫方法

商品储存过程中的害虫防治工作必须遵循"以防为主、防治结合"的基本方针。在生产过程中，可对原材料采取杀虫措施。

> **小知识**
>
> 对以竹、木、藤为原料的商品，可采取沸水烫煮、汽蒸、火烤等方法，杀灭隐藏的害虫；对某些易遭虫蛀的商品，可在其包装或货架内投放驱避药剂，如天然樟脑或合成樟脑等。

4. 防老化方法

商品的老化有其内因和外因，所以防老化应从这两方面着手：一方面，在商品生产过程中采用特殊方法提高高分子材料的抗老化性能，或添加防老化剂、采用物理防护等措施提高其抗老化性能；另一方面，在商品储存过程中采取有效措施控制环境因素对高分子商品的直接作用，以减缓老化，延长储存期限与使用寿命。

> **小知识**
>
> 商品储存时为防老化，商品应合理堆码、妥善包装，库房应清洁、干燥、凉爽，门窗玻璃应刷上白色，以避免阳光直射，不与油类、腐蚀性商品及含水量大的商品同库存放。

第三节　商品储存管理

情景导入

任何物品从生产到消费的过程中都会发生物理和化学变化，只是快慢不一样而已。要使物品在流通过程中仍具有使用价值，唯有进行科学合理的储存管理。根据物品的特性、储存要求和消防要求等进行商品的储存规划，最大限度地减少储存物品的变质损耗以达到降低成本的目的，满足客户需求，扩大市场规模，最终实现企业经济效益和社会效益的提高。面对图4-7所示商品，你知道如何储存才能保证其质量吗？

图4-7　各种商品

相关知识

商品储存管理主要环节如图4-8所示。

入库验收 ⇨ 安排货位 ⇨ 商品堆码 ⇨ 环境卫生管理 ⇨ 在库检查 ⇨ 温湿度控制 ⇨ 商品出库

图4-8　商品储存管理主要环节

一、入库验收

入库验收是对商品质量的一项严格检查，商品入库验收的要求见表4-8。

表4-8　商品入库验收的要求

验收方法	验收要求
对单验收	核对单据、货物信息（品名、编号、货号、规格、数量等方面）是否一致，保证单货相符
质量验收	查看内装商品质量是否完好，无霉变、腐蚀、虫蛀、鼠咬等
外观验收	检验商品的包装是否符合要求，无玷污、受潮、残破等

二、安排货位

为确保商品的在库安全，必须有一套完整的商品保管养护制度和切实可行的措施。由于各种商品的性质不同，所以要求储存的条件也不相同，必须根据具体情况，分别对待。不同性质的商品储存场所比较见表4-9。

表4-9　不同性质的商品储存场所比较

按商品性质分类	储存场所
怕热和易挥发的商品	阴凉和通风良好的仓库
怕冻的商品	保温性较好的仓库
怕潮、易霉或易生锈的商品	地势较高、干燥通风的仓库
鲜活易腐商品	低温仓库
危险品	特种仓库

三、商品堆码

商品堆码对维护商品质量、充分利用库房容积、提高装卸作业效率以及适合机械作业和保证商品安全等具有重大影响。堆码应符合安全、方便、多储的原则，商品堆码要分区分类，其堆码形式要根据商品的种类、性能、数量、包装情况、库房高度和储存季节等条件决定。不同的商品，其堆码的方法也应有所不同，如图4-9所示。

图4-9　不同堆码形式

四、环境卫生管理

商品储存环境卫生的好坏，影响着商品在储存期间的质量。储存环境不清洁，商品会被灰尘、油污或垃圾玷污，商品质量受影响，而且会因微生物、害虫和鼠类的滋生和繁殖而危害商品。因此，应经常清扫，保持仓库内外环境清洁，必要时使用药剂消毒、杀菌、杀虫、灭鼠，以确保商品安全。

五、在库检查

商品在储存期间，质量会不断发生变化。对库存商品要做定期和不定期、定点和不定点、重点和一般相结合的质量检查，并根据检查结果随时调节储存条件。检查方法主要以眼看、耳听、鼻闻、手摸等感官检验为主，必要时可进行理化检验。如果发现问题，应立即分析原因，采取相应的补救措施，如翻堆倒垛、加工整理、施放药剂、晾晒、密封、通风、吸潮等，以改善保管条件，保证商品安全。

六、温湿度控制

影响商品质量变化的环境因素有很多，其中最主要的是空气的温度和湿度。因此，必须根据商品的特性、质量变化规律以及本地区气候情况与库内温湿度的关系，加强库内温湿度控制；采取各种切实可行的措施，创造适宜的温湿度条件，从而确保商品安全。控制与调节仓库温湿度的方法有很多，目前，主要采取密封、通风、吸湿、加湿等措施，见表4-10。

表4-10　温湿度控制的方法

温湿度控制方法	含　义	作　用
密封	利用密封材料（如塑料薄膜）封闭库房或商品，隔绝空气，降低温湿度对商品的影响	密封是仓库温湿度控制工作的基础，不仅能防潮、防热、防干裂、防溶化等，还有防毒、防蛀、防老化等方面的效果
通风	利用空气自然流动规律或借助机械形成空气定向流动，有目的的使仓库内外空气交换，从而调节库内空气温湿度	能根据商品的要求，对比库内外温湿度的实际情况和变化趋势，并参照风力、风向有计划地进行，保证商品的质量
吸湿	当库内相对湿度超过储存商品的安全范围，而库外气候又不具备通风条件时（如阴雨天气或梅雨季节），可在密封库内使用吸湿剂吸湿、去湿或加热	可吸收空气中的水分，降低库内相对湿度
加湿	若库内相对湿度过低，而库外相对湿度也不高，对于易干缩、脆裂的商品来说，应采用喷蒸汽、直接喷水等加湿措施保护商品	可增加空气中的水分和提高库内相对湿度

小知识

密封的形式有多种，如整库密封、整垛密封、整柜密封、整件密封等。整库密封时，地面可采用水泥沥青、油毛毡等制成防潮层隔潮，墙壁外涂防水砂浆，墙壁内涂沥青和油毛毡，库内做吊平顶，门窗边缘使用橡胶条密封，门口可用气帘隔潮。

七、商品出库

商品出库要做到：

（1）必须有业务部门开具齐备的提货单，并认真验证核查，手续齐备，商品才能出库。

（2）对交付的商品，要认真对单核对品种、规格，做到数量要准确，质量要完好，复核要仔细，不错、不漏，单货同行。

（3）商品的包装完整，标志准确、清晰，符合运输要求。

（4）对预约提货的商品，应及早备货。

（5）为了维护企业经济利益，商品出库该符合先进先出、接近失效期先出、易坏先出的"三先出"原则，及时发货，但变质失效商品不准出库。

本章小结

商品储存与养护是商品经营的重要工作。

商品储存是指当商品离开生产领域，而尚未进入消费过程之前，在商品流通阶段形成"停滞"的存放过程。商品储存可分为季节性储存、周转性储存和储备性储存。商品性能、特点不同，商品储存的条件和要求也不同。商品质量变化的形式主要有物理变化、机械变化、化学变化、生理生化变化和生物学变化等，影响商品质量变化的因素有内因和外因两方面。

商品养护措施：一是防霉腐方法，包括药剂防霉腐、气相防霉腐、气调防霉腐、低温防霉腐、干燥防霉腐、加热灭菌防霉腐、腌渍防霉腐、辐射防霉腐等；二是防锈蚀方法；三是防治害虫方法；四是防老化方法。

商品储存管理包括入库验收、安排货位、商品堆码、环境卫生管理、在库检查、温湿度控制、商品出库等。

第五章　商品的分类和管理

学习导航

　　商品分类是连锁企业卖场布局、商品营销策划的需要，更是销售数据统计和分析的需要。科学的商品分类能使复杂的事物和现象系统化、条理化，从而深化认识能力，推动商品社会不断向前发展。

　　品类管理是一个管理体系，它关注品牌组群的最优化，即一个品类的管理。品类管理的核心在于通过满足消费者的需求来提升业绩。企业应注重最优化商品组合的销售，并以消费者为中心，只有满足了消费者的需求，才有企业长期稳定的发展。

学习目标

　　本章主要通过"情景导入"，结合生活实际，激发学生的学习兴趣，介绍有关商品分类和品类管理的知识。通过本章的学习，你应该达成以下学习目标：

📖 知识目标

- 说出商品分类的定义。
- 概括商品分类的方法。
- 陈述商品编码和其原则。

🎯 能力目标

- 能识别常见的商品分类体系。
- 能对常见商品进行科学合理的分类。

📋 素养目标

- 树立"商品的科学分类有利于标准化实施，也是指定商品标准的依据"的观念。
- 培养商品分类及品类分析能力，提升探究能力和实际运用知识的能力。

第一节　商 品 分 类

情景导入

　　购买洗发水时，面对偌大的超市（见图5-1），你如何迅速找到中意的产品？超市又是用什么办法告诉你洗发水的确切位置？

图5-1　超市商品分类

一、什么是商品分类

　　商品分类是指为了特定的目的和满足某种需要，根据商品的特征选择恰当的分类标志，将商品划分为不同的类别。它是科学的、有目的的、有系统的、逐层级的划分。

> **温馨提示**
>
> 　　连锁经营企业对品种繁多的商品分类，是企业科学化、规范化管理的需要，有利于对商品进行分门别类的采购、配送、销售、库存和核算，有助于提高管理效率和经济效益。

二、商品分类方法

　　建立商品分类体系的基本方法有两种：线分类法、面分类法。

1. 线分类法

　　线分类法是指将确定的商品集合总体按照一定的分类标志，逐次地分成相应的若干个层级类目，并排列成一个有层次的、逐级展开的分类体系，也称为层级分类法。它的一般表现形式是大分类、中分类、小分类和细目四个层次（见图5-2），目的是便于管理、提高管理效率。

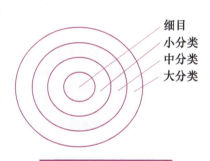

图5-2　线分类法

　　（1）大分类。大分类是连锁企业最粗线条的分类，主要分类标准是商品特征。它体现商品生产和流通领域的行业分工，如五金类、化工类、食品类、水产类、日用杂货、日用百货和家用电器等。为了便于管理，超级市场的大分类一般不超过10个。

　　（2）中分类。中分类是大分类中细分出来的类别，是若干具有共同性质和特征的商品的总称。中分类的分类标准举例，见表5-1。

表5-1　中分类的分类标准举例

分 类 标 准	大 分 类	中分类举例
商品功能与用途	日配品	牛奶、豆制品、冰品、冷冻食品等
商品制造方法	畜产品	熟肉制品、咸肉、熏肉、火腿、香肠等
商品产地	水果蔬菜	国产水果、进口水果

（3）小分类。小分类是中分类中进一步细分出来的类别，是根据商品的某些特征和性质进一步划分，小分类的分类标准举例，见表5-2。

表5-2　小分类的分类标准举例

分 类 标 准	大 分 类	中 分 类	小分类举例
商品功能与用途	畜产品	猪肉	排骨、里脊肉、后腿肉等
规格包装	一般食品	饮料	听装饮料、瓶装饮料、盒装饮料等
商品成分	日用百货	鞋	皮鞋、人造革鞋、布鞋、塑料鞋等
商品口味	糖果饼干	饼干	甜饼干、咸饼干、奶油饼干、果味饼干等

（4）细目。细目即单品，是商品分类中不能进一步细分的、完整独立的商品品项。

小例子

"500毫升瓶装统一冰红茶""500毫升瓶装统一冰绿茶"和"500毫升瓶装统一绿茶"就是三个不同的单品。

线分类法的使用范围最广泛，许多商品分类采用线分类法。例如，纺织纤维可以按线分类法分类，见表5-3。

表5-3　线分类法（纺织纤维）分类

大 分 类	中 分 类	小 分 类	细　目
纺织纤维	天然纤维	植物纤维	棉花、麻类
		动物纤维	羊毛、兔毛、蚕丝
		矿物纤维	石棉
	化学纤维	人造纤维	粘胶纤维、醋酯纤维
		合成纤维	锦纶、涤纶、腈纶、氨纶、丙纶、维纶
		无机纤维	玻璃纤维、金属纤维

小知识

线分类体系的一般表现形式是大分类、中分类、小分类等级别不同的类目逐级展开。体系中，各层级所选用的标志不同，各个类目之间构成并列或隶属关系。由一个类目直接划分出来的下一级各类目之间存在并列关系，不重复、不交叉。

2. 面分类法

面分类法是指将分类的商品集合总体按照不同的属性划分成相互之间没有隶属关系的各个分类集合（面），每个分类集合（面）中的类目组配在一起，即形成一个新的复合类目，又称为平行分类法。以服装为例，见表5-4。

表5-4　面分类法（服装）分类

服装面料	式　样	款　式
纯毛	男式	西装
纯棉	女式	连衣裙
中长纤维	儿童	衬衫

小例子

　　服装的分类就是按面分类法组配的。把服装用的面料、式样、款式分为三个互相之间没有隶属关系的"面"，每个"面"又分成若干个类目。使用时，可将有关类目组配起来，如纯毛男式西装、纯棉女式连衣裙等。

知识拓展

　　根据国家政策、规划的要求，商品分类应充分满足生产、流通及消费的需要。实用性是商品分类首先应满足的实践标准。进行商品分类要事先设置足够的收容类目，以保证新产品出现时不至于打乱已建立的分类体系和结构，同时为下级部门方便地在本分类体系的基础上进行开拓细分创造条件。

三、商品分类的主要标志

商品分类的标志是分类的基础，最常用的主要有以下4种，如图5-3所示。

图5-3　商品分类的主要标志

1. 以商品用途作为分类标志

　　商品的用途既是体现商品使用价值的标志，也是衡量商品质量的重要依据。按商品用途可将商品分为生活资料商品（见图5-4a、图5-4b）和生产资料商品（见图5-4c）。

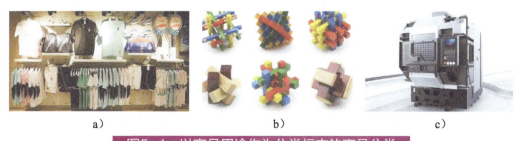

a)　　　　　　　　　　　b)　　　　　　　　　　　c)

图5-4　以商品用途作为分类标志的商品分类

以商品用途作为商品分类标志，既便于对同一用途商品的质量进行分析和比较，有利于生产企业改进和提高质量、开发新的商品品种，又便于商品经营者对商品的经营管理和消费者对商品的选购。如食品、医药品、服装、饲料、交通工具等之所以成为专有名词，就是商品按用途分类的结果。但是，对于多种用途的商品则不宜采用这种分类标志。

2. 以商品原材料作为分类标志

商品的原材料是决定商品质量和性能的重要因素之一。原材料的成分、性质、结构不同（见图5-5），使得商品具有截然不同的特征。

小知识

棉织品保暖性好、吸汗、柔软舒适，对一些皮肤敏感人群非常适用，一般用于床上用品（见图5-5a）；丝织品具有天然光泽、贴身保暖、蓬松轻柔、抗菌透气、防静电，一般用于高档衣服（见图5-5b）；麻织品具备优良的透气性、吸湿性和排湿性，能抑制真菌和微生物的生长，可用于夏季衣物（见图5-5c）。

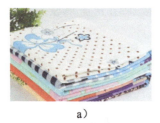

a)　　　　　　　　b)　　　　　　　　c)

图5-5　以原材料作为分类标志的商品分类

a）床上用品　b）高档衣服　c）夏季衣物

对于用多种原材料组成的商品（如汽车、电视机、洗衣机和电冰箱等），不宜用商品原材料作为分类标志。

3. 以商品生产方法作为分类标志

生产方法的不同，使商品具有不同的质量特征，从而形成不同的品种，如图5-6所示。

小知识

按生产方法不同，茶叶可分为红茶（发酵茶，见图5-6a）、绿茶（不发酵茶）、乌龙茶（半发酵茶，见图5-6b）和花茶（花窨茶，见图5-6c）等。

a)　　　　　　　　b)　　　　　　　　c)

图5-6　以生产方法作为分类标志的商品分类

a）发酵茶　b）半发酵茶　c）花窨茶

4. 以商品主要成分和特殊成分作为分类标志

商品的主要成分和特殊成分对商品质量、性能、用途等有决定性影响，故商品主要成分和特殊成分不同，使得商品形成不同的品种，它们的质量、特性、用途、效用和储存条件有很大区别，如图5-7所示。

小例子

玻璃以主要成分和特殊成分作为分类标志，可分为防辐射的铅玻璃（见图5-7a）、抗冲击能力强的钢化玻璃（见图5-7b）和耐高温的钾玻璃（见图5-7c）等。

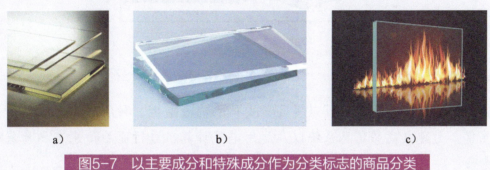

a)   b)   c)

图5-7 以主要成分和特殊成分作为分类标志的商品分类

a）铅玻璃 b）钢化玻璃 c）钾玻璃

对于成分复杂的商品（如水果、蔬菜和粮食等）或主要成分区分不明显的商品（如收音机等），则不宜用主要成分和特殊成分作为分类标志。

除上述分类标志外，商品的形状、结构、尺寸、颜色、重量、产地等均可作为商品分类的标志。这些分类标志更容易为消费者所接受，其特点是概念清楚、形象直观、特征具体、通俗易记、便于区别。

第二节 商 品 编 码

情景导入

在超市里买散装食品，你注意到称量后那张打印的带有编码的标签（见图5-8）了吗？

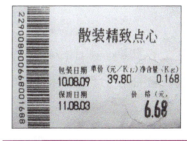

图5-8 散装商品编码标签

相关知识

一、什么是商品编码

商品编码是指赋予某种商品（或某类商品）以某种代表符号或代码的过程，如图5-9所示。

对某一类商品赋予统一的符号系列,称为商品编码化或商品代码化。符号系列可由字母、数字和特殊标记组成。

图5-9　商品编码

温馨提示

　　商品实行分类编码标准化,可以提高分类体系的概括性、科学性,有利于商品分类的通用化、标准化,为建立商品信息系统以及运用电子计算机进行商品信息流和物流的现代化科学管理创造条件。

二、商品编码的原则

　　商品分类和编码是分别进行的,商品科学分类为编码的合理性创造了前提条件,编码是否科学、得当则会直接影响商品分类体系的实用价值。商品编码应该遵循的原则,如图5-10所示。

图5-10　商品编码的原则

1. 唯一性

唯一性是指商品与其标识代码一一对应,即一个商品只有一个代码,一个代码只标识同一商品。

小知识

　　商品代码一旦确定,永不改变,即使该商品停止生产、停止供应了,在一段时间内(有些国家规定为 3 年)也不得将该代码分配给其他商品。

2. 可扩性

在代码结构体系里应留有足够的备用码,以适应新类目增加的需要,使扩充新代码成为可能,从而使分类和编码集可以进行必要的修订和补充。

3. 简明性

简明性是指尽可能使代码的长度最短。简明性既便于手工处理,也能减少计算机的处理指令和存储空间。

4. 稳定性

商品编码时应考虑其最少变化的可能性,一旦确定后就不要变更,以免造成人力、物力和财力的浪费。

5. 层次性

代码层次要清楚，能清晰地反映商品分类体系和分类目录内部固有的逻辑关系。

6. 标准性

商品编码要同国家商品分类编码标准一致，与国际通用商品分类编码制度相协调，以便于信息交流和信息共享。

三、商品编码的种类

商品编码根据所用的符号类型可分为4种，如图5-11所示。其中，最常用的是数字型代码和条码。

1. 数字型代码

数字型代码是指用一个或若干个阿拉伯数字表示分类对象（商品）的代码。编制商品数字型代码的方法有4种，如图5-12所示。

图5-11 商品编码种类   图5-12 数字型代码

（1）顺序编码法。顺序编码法是指按商品类目在分类体系中的先后顺序，依次给予顺序代码。为了满足信息处理的要求，多采用等长码，即每个代码标志的数列长度（位置）完全一致。

（2）层次编码法。层次编码法是指按照商品类目在分类体系中的层次、顺序，依次编码，主要采用线分类体系。在《全国主要产品分类与代码 第一部分：可运输产品》（GB/T 7635.1—2002）中，整个编码结构共分为6层，由8位数字代码组成，如图5-13所示。

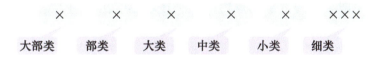

图5-13 层次编码法结构

> **小例子**
>
> 无霜压缩式单门冷藏箱的代码是44811103。其中，第1个"4"代表"金属制品、机械和设备"大部类，第2个"4"代表"专用机械设备及其零部件"部类，"8"代表"家用器械及其零件"大类，第1个"1"代表"家用电器"中类，第2个"1"代表"电气的和非电气的家用型冷藏箱和冰冻箱"小类，"103"代表"无霜压缩式单门冷藏箱"这个细类。

（3）平行编码法。平行编码法是指以商品分类面编码的一种方法，即每个分类面确定一定数量的码位，各代码之间是并列平行的关系。例如，服装可以按平行编码法编码，见表5-5。

表5-5　服装的平行编码

服 装 面 料	式 样	款 式	服 装 面 料	式 样	款 式
全毛（A）	男士装（Ⅰ）	西装（1）	毛绦（C）	童装（Ⅲ）	连衣裙（3）
全棉（B）	淑女装（Ⅱ）	大衣（2）	丝麻（D）	婴儿装（Ⅳ）	衬衫（4）

（4）混合编码法。混合编码法是层次编码法与平行编码法的结合运用。

总之，数字型代码结构简单，使用方便，易于推广，便于利用计算机进行处理，目前大多数国家采用数字型代码。

2. 字母型代码

字母型代码是指用一个或若干个字母表示分类对象的代码。按字母顺序对商品进行分类编码时，一般用大写字母表示商品大类，用小写字母表示其他类目。字母型代码便于记忆，可提供便于人们识别的信息；但它不便于机器处理信息，特别是当分类对象数目较多时，常常会出现重复现象。在中欧，主要用拉丁字母和希腊字母按其顺序为商品编制代码。

3. 数字、字母混合型代码

数字、字母混合型代码是指由数字和字母混合组成的代码。它兼有数字型代码和字母型代码的优点，结构严密，具有良好的直观性和表达性，同时又符合使用上的习惯。但是，由于混合型代码组成形式复杂，给计算机输入带来不便，录入效率低，错码率高。

小知识

> 在商品分类编码中不常使用字母型代码和数字、字母混合型代码，只有少数国家在标准分类时采用。

4. 条码

条码技术是在计算机的应用实践中产生和发展起来的一种自动识别技术，是一种快速、准确且可靠地采集数据的有效手段。目前，条码等自动识别技术已广泛应用于零售、物流、仓储等领域。

商 品 条 码
第三节

情景导入

当选购商品时，你是否留意过商品的条码？你所选购商品的条码与图5-14所示的哪一个比较相似？它是由什么组成的呢？一共有几位数字？

图5-14　条码

一、什么是商品条码

商品条码由一组规则排放的条、空及对应字符组成，表示一定信息。商品条码的条、空组合部分称为条码符号，对应字符部分由一组阿拉伯数字组成，称为商品标识代码。商品条码简称条码，是一种国际通用的商品信息标识，是商业自动化管理和销售的基础，如图5-15所示。

图5-15 商品条码

条码技术是随着计算机与信息技术的发展和应用而诞生的，它是集编码、印刷、识别、数据采集和处理于一身的新型技术。

> **温馨提示**
>
> 商品代码与商品条码是两个不同的概念。商品代码代表商品的数字信息，而商品条码是表示这一信息的符号。在商品条码相关工作中，要制作商品条码符号，就必须先给商品编制一个数字代码。

我国通用的条码为EAN-13通用商品条码，一般由前缀码、制造厂商代码、商品代码和校验码组成，见表5-6及图5-16。

表5-6 EAN-13的13位数字组成

组成部分	位 数	赋 码 权	说 明
前缀码	3位	国际物品编码协会（EAN）	690～695代表我国大陆
制造厂商代码	4位	EAN各国总部	代表对应制造厂商
商品代码	5位	厂商自行设定	代表具体商品
校验码	1位	—	用于校验商品条码中左起第1位至12位数字代码的正确性

图5-16 EAN-13通用商品条码的构成

> **小例子**
>
> 农夫山泉矿泉水的条码6921168509256，其中"692"代表中国，"1168"代表厂商农夫山泉股份有限公司，"50925"是产品名"农夫山泉饮用天然水"，"6"是校验码。

EAN-8商品条码是指用于标识的数字代码为8位的商品条码，是缩短版的商品条码，由7位数字表示的商品代码和1位数字表示的校验码组成。

为了使商品能够在全世界自由、广泛地流通，企业无论是设计制作、申请注册还是使用商品条码，都必须遵循商品条码管理的有关规定。

二、条码的特点

条码技术是经济、实用的一种自动识别技术。条码具有5个特点，如图5-17所示。

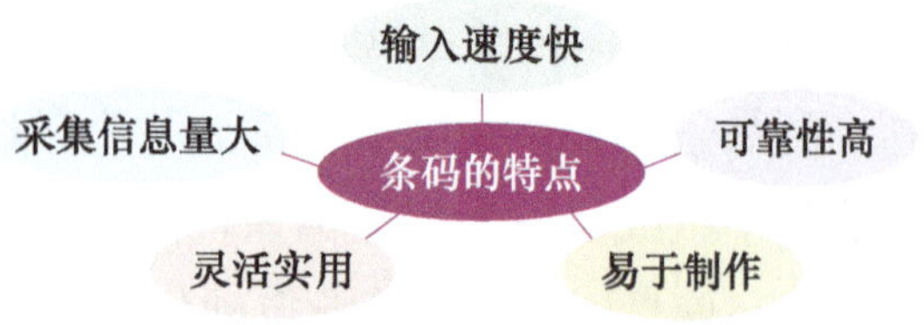

图5-17　条码的特点

1. 输入速度快

输入速度快，实现了即时数据输入。

小例子

使用键盘输入，一个每分钟打90个字的打字员1.6秒可输入12个字符或者字符串；使用条码，做同样的工作则只需0.3秒。

2. 可靠性高

采用条码技术的误码率远低于使用键盘输入数据的出错率，因而可靠性更高。

3. 采集信息量大

利用传统的一维条码（见图5-18a）一次可采集几十个字符的信息，利用二维条码（见图5-18b）可以采集数千个字符的信息。

```
6  901234 568127
```

a）　　　　　　　　　　　　　b）

图5-18　一维和二维条码

a）一维条码　b）二维条码

4. 灵活实用

条码标识既可以作为一种识别手段单独使用，也可以和有关识别设备组成一个系统实现自动化识别，还可以和其他控制设备连接起来实现自动化管理。

5. 易于制作

条码标签易于制作，对设备和材料没有特殊要求，设备价格相对便宜且操作容易。

三、条码的作用

采用商品条码及其技术，能够大幅提高购物的结算速度，减少差错，实现商品进、销、调、存自动化信息管理。它的作用可以概括为以下三点。

1. 可以自动进行阅读识别

只要用扫描阅读器扫过条码的标签，计算机就可以快速、自动、准确地进行阅读识别，确定商品的代码，然后找定价、做累计，最后进行汇总结算。

> **温馨提示**
>
> 条码符号被称为"可印刷的计算机语言"。条码作为一种及时、准确、可靠和经济的数据输入手段在我国众多领域已经普及应用，成了商品独有的、世界通用的"身份证"。

2. 可以准确地控制商品库存

通过对商品销售的信息进行分类、汇总和分析，及时地调整和控制商品库存。

3. 可以进行高效的经营管理活动

通过计算机网络及时将销售信息反馈给生产单位，缩小产、供、销之间信息传递的时空差，增加企业的经济效益和社会效益。

第四节　品 类 管 理

情景导入

有一次，沃尔玛一家分店的营销经理惊讶地发现了一个非常奇怪的现象：啤酒（见图5-19a）与尿不湿（见图5-19b）的销量在周末总会出现成比例的增长。他与同事立即对这个现象进行了分析和讨论，并派出专门的人员在卖场内进行全天候的观察。

a)　　　　　　　b)

图5-19　品类管理
a）啤酒　b）尿不湿

相关知识

一、什么是品类管理

品类管理是指分销商或供应商把所经营的商品分成不同类别，并把每类商品作为企业经营战略的基本活动单位进行管理的一系列相关活动，它强调向消费者提供超值的产品和服务，提高企业运营的效果。

温馨提示

品类管理是分销商或供应商把所经营的商品分成不同类别，并把每类商品作为企业经营战略的基本活动单位进行管理的一系列相关活动。

如何理解这个概念呢？我们往往能察觉到以下几个现象：

（1）还没到节日的时候，超市就在明显的位置上架了和节日相关的商品。

（2）有些时候，我们到超市明明是想买商品A的，但是到了最后，不知道什么原因却买了商品B、C或D。

（3）我们在超市里面发现自己想买的商品A没有了，但是能找到商品B代替它。

（4）我们经常能发现一些商品是捆绑销售的，而且它们都对自己有用，于是就都买了。

事实上，品类管理是通过分析消费者的购物喜好和购物行为，同时分析商品的关联性和替代性，去制定商品的展示、定价、促销和管理等行为策略的一种管理方法。

二、品类管理的方法

连锁经营企业在推行和实施品类管理中需要有一种简单易行、循序渐进的步骤，并为各步骤制订详细计划。这些步骤可以通过三个阶段来执行，如图5-20所示。

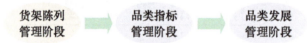

图5-20　品类管理步骤的阶段

1. 货架陈列管理阶段

它是品类管理的基础性阶段，其工作内容是连锁经营企业把所有门店的商品陈列归入总部管理。门店完全根据总部要求陈列商品，并保持良好的沟通，企业可通过此步骤监控销售结果形成的具体原因。连锁经营企业可以将某一品类的所有商品按照品牌陈列，便于消费者比较；也可以将商品单独陈列，避免消费者对所有品牌进行比较。一般而言，当消费者认为某一品牌是高质高价时，将这一品牌的商品单独陈列就可以提高其销量，降低其他便宜品牌的销量。

小例子

某商品的销量很小，可能是因为该商品放在一个很差的货架位置上，或者在陈列归类上不符合消费者决策的需求。总部可通过货架陈列管理来控制门店的陈列情况，获得制定品类评价指标的科学依据。

2. 品类指标管理阶段

它是管理好众多品类达到最高销售，使自己在与对手同品类的竞争中处于优势地位的阶段。该阶段的过程为：制定品类评价标准→评价品类中的各商品→协调商品种类和数量的关系→协调商品种类与空间的关系→协调价格与销售的关系→协调促销与销售的关系→协调服务与零售企业品牌的关系。

小例子

保健酒继白酒、葡萄酒和啤酒成为酒业的第四大势力。劲酒首倡"中药现代化""按做药的标准生产保健酒"。它在推广中提倡健康饮酒方式、文明饮酒习惯，并通过在中央电视台长期、大量、不间断的广告投放，成功地在消费者心目中树立起了中国保健酒品类领导品牌的形象。

3. 品类发展管理阶段

它是谋求各品类在细分目标市场中获得优势地位的阶段，具体要通过企业提供的商品附加服务，使品类能赢得更多消费者的喜爱，并获得较高的顾客忠诚度。

小例子

对于相同业态的零售企业来说，即使是相同的品类，发展策略却也可能不同。例如同样是中型超市，有的零售企业是靠卫生纸给消费者带来方便的，而有的零售企业会利用卫生纸去建立低价形象。

三、品类管理流程

1. 品类设定

品类设定也称品类定义，指的是将以前杂乱无章的产品或服务归类，让它们按照消费者的分类找到自己的归属，使每个产品或者服务"有家可归"。这一类产品或者服务是相互关联或可以替代的。

小例子

婴儿用品传统上分散于食品、服装和纸品等品类。连锁经营企业为方便准妈妈或带着婴儿的妈妈购物，就设置了婴儿街、宝宝屋等购物区域（即所有的婴儿用品集中陈列），一个新的品类（婴儿用品品类）便应运而生了。

2. 品类角色

界定品类角色的目的是指出它在品类经营中扮演什么角色，这一点对品牌管理和货架管理极其重要。品类角色的设定要充分考虑消费者的需要，反映消费者的购买行为。通常，品类角色分为4种（见图5-21），即目标品类、常规品类、季节性品类和便利性品类。

图5-21 品类角色

温馨提示

连锁企业为什么要界定品类角色呢？因为不同品类的作用不同，有的可以带来客流，有的可以促进销量，有的可以带来利润，有的可以突出商店形象。

（1）目标品类。目标品类即目标性角色，是指能代表商店特色和形象、销售业绩最好的品类及相关品牌。它最能满足消费者的需要，能促进其他品类销量增长，是最大种类和款式且资源占用较大的品类。

温馨提示

目标品类要选择尽量多的不同功能、不同档次（满足不同消费者的不同需求）的产品，安排主要的、显著的货架，且有足够多的货架库存、频繁的促销，以带来客流和销量。

（2）常规品类。常规品类即经常性角色，是指次重要的品类，可令消费者联想起商店，能满足消费者大部分需要，是平衡销售额增长与利润增长的品类。

（3）季节性品类。季节性品类即季节性、偶然性角色，是指随时间或季节变化而变化的品类，能满足消费者的日常需要，属于平衡销售额增长与利润增长的时间性款式或种类。例如每年农历八月初便会有商店开始陈列中秋节相关的商品，以供消费者选购。

（4）便利性品类。便利性品类即方便性角色，是指消费者能随时购买到的品类，能增加顺带购买的机会，突出商店"一站购买"的形象，帮助商店增长利润。

便利性品类只选择主要规格的产品，价格可以定高一些，以增加利润。虽然该品类的单价可能偏高，但消费者认为该品类所带来的便利性的价值远远超过其售价，故愿意以较高的价格购买该类商品。

3. 品类评估

品类管理实施之前，需要对商店和品类现状进行评估；品类管理实施后，需要对效果进行评估。品类评估是指全面评估商品的采购、加工和储存成本、商品周转次数、服务水平、品种组合和营销活动。它将促使企业的经营战略和营销活动得到全方位的改进。

温馨提示

评估不只局限于销量、利润等财务指标，还需考虑库存、脱销、单位产出和人力投入等。同时，评估必须有深度，需跨门店、跨年度评估。

4. 品类指标

品类指标反映品类角色和品类评估。品类管理对ABC成本分析、库存天数、缺货率、库存周转率及消费者满意度等方面的指标进行评估，丰富了评估的内容，提高了评估的准确性。

5. 品类策略

品类策略是企业为实现品类经营角色和目标而制定的。针对不同的品类经营角色和目标，使用不同的品类策略。对于目标品类，要使用强化公信力、提高交易量等策略，从而实现该品类的贡献水平。

6. 品类技巧

品类技巧是为实现品类策略而采取的行动。它涉及品种组合、定价技巧、促销技巧、货架展示和产品供应五个领域。

7. 品类实施

品类实施可以挖掘出品类管理的潜在优势，让品类管理得以突破。

8. 品类检查

只有对品类角色和品类指标等相关的经营计划进展进行不间断衡量和检查，才可以对经营计划进行适当的调查，从而有效地实行品类管理。

> **小例子**
>
> 北京华联婴儿护理中心（宝宝屋）是品类管理在超级品类中的应用。宝宝屋的设立，使北京华联婴儿品类商品的成交额和利润均获得了较大幅度增长。

实施品类管理需要连锁企业与供应商密切合作。零售商需要了解商圈、消费者的消费习惯、竞争对手的情况、商店过去的销售情况、商店的优势和劣势。供应商需要了解品类的发展趋势、消费者购买品类的消费习惯、品类的细分和市场的统计数据等。零售商与供应商密切合作能够更好地满足消费者的需求，达到双赢的结果。

> **小知识**
>
> 现代品类管理具有差异化、集中化及规模化的特征，未来发展的趋势体现为成熟的电子商务、品类管理的标准化与创新的零售管理技术相结合的创新门店形式。

> **知识拓展**
>
> #### 品类创新：新一轮竞争入口
>
> 在百货商店时代，品牌出圈主要依靠"位置"入口，在互联网电商时代可以依靠"流量"入口，而在新消费时代，"品类创新"将会成为新一轮竞争入口。
>
> 定位理论认为，随着老品类的竞争越来越激烈，如果企业无法在某一品类中占据数一数二的位置，那么可以通过进行品类创新来打开局面。开创新品类，可以使企业率先进入竞争空白的领域，从而获得更多红利。
>
> 2020年天猫品类冠军榜单中，有300多个新品牌成功登顶品类销冠宝座。例如，圈粉年轻人的国风彩妆品牌花西子，通过抓住国风趋势，抢先占据"国风"彩妆品类，在竞争激烈的彩妆市场中脱颖而出。异军突起的酸奶品牌简醇，通过在乳制品行业中做减法，减掉添加剂蔗糖，凭借"无添加无蔗糖酸奶"冲出乳制品的"红海"市场。家居清洗领域的新品类添可，将扫地拖地结合一体，创造了新品类洗地机，解决了市面上扫地机器人、吸尘器等智能清洁产品的问题——无法有效清理湿垃圾、湿污染的问题。
>
> 品类创新，正在帮助越来越多的新品牌成功出圈。

本章小结

　　本章从商品的分类出发，对商品的编码、条码和品类管理等方面做了讲解，介绍了商品分类的主要标志、编码的原则等。学习中应围绕商品的分类来进行品类管理分析。

　　商品分类是对商品集合做总体科学、系统、逐层级划分，直至最小单元的过程。我国通常将商品分成大分类、中分类、小分类和细目。

　　商品分类常采用的分类标志：以商品用途作为分类标志；以商品原材料作为分类标志；以商品生产方法作为分类标志；以商品主要成分和特殊成分作为分类标志。

　　商品编码应遵循唯一性、可扩性、简明性、稳定性、层次性和标准性的基本原则。商品编码按其所用的符号类型分为数字型代码，字母型代码，数字、字母混合型代码，条码四种。

　　条码是一种国际通用的商品信息标识，是商业自动化管理和销售的基础。它可分为一维条码和二维条码两大类。我国通用的一维条码为EAN-13码。

　　品类管理是把品类作为战略单位来管理，通过对消费者需求的分析和研究，帮助连锁企业获取一定的差异性竞争优势，从而更好地满足目标消费者的需要。品类管理的核心在于通过满足消费者的需求来提升业绩。

第六章　食品商品管理

学习导航

食品是人类生存和发展的必要条件。从远古时代神农尝百草到现代化的有机食品，食品文化博大精深、含义丰富，已经成为我国优秀传统文化的一个重要组成部分。我国地大物博，民族众多，由于历史传统、地理环境、宗教信仰的不同，各民族间又相互影响，多姿多彩的食品文化凝集着中华民族的聪明和智慧。我国食品文化讲究色、香、味俱全，既崇尚朴素自然，也追求精美。我国食品文化包含饮食观念、饮食习俗、烹饪作品、饮食器皿等，并由此派生出烹饪文化、茶文化、酒文化、鱼文化、乳文化……

学习目标

本章主要通过"情景导入"，发挥教师引导、学生主体的作用，结合生活实际介绍有关食品的知识。通过本章的学习，你应该达成以下学习目标：

知识目标

- 陈述食品的相关知识。
- 区分食品的种类。

能力目标

- 能运用食品质量检查方法进行质量检测。

素养目标

- 融入食品行业新发展、新技术、新工艺相关内容，提升职业认同感，树立劳动意识，认识科技创新的意义。
- 通过介绍我国优秀传统文化、我国食品安全相关法律法规等，提升民族认同感与法律意识。

第一节　食品概述

 情景导入

国家统计局数据显示，2022年全国粮食总产量68653万吨，比2021年增加368万吨，粮食产量连续8年稳定在65000万吨（1.3万亿斤）以上。该成绩主要取决于党中央、国务院高度重视粮食生产，各地区各部门严格落实粮食安全，持续加大对粮食生产的支持力度，有力克服北方罕见秋汛导致冬小麦晚播和南方持续高温干旱等不利因素影响。

粮食再获丰收，为稳定我国宏观经济大盘、保持经济运行在合理区间提供了有力支撑，为应对复杂严峻的国际环境、战胜各种风险挑战奠定了坚实基础，为稳定全球粮食市场和食物安全做出了积极贡献。

知识拓展

2022年，习近平总书记在看望政协会议的农业界、社会福利和社会保障界委员并参加组联合时指出：粮食安全是"国之大者"。悠悠万事，吃饭为大。民以食为天。经过艰苦努力，我国以占世界9%的耕地、6%的淡水资源，养育了世界近1/5的人口，从当年4亿人吃不饱到今天14亿多人吃得好，有力回答了"谁来养活中国"的问题。

国家明确提出实施"健康中国"和"食品安全战略"，让人民吃得放心。人民的需求已从过去吃得饱变为吃得好、吃得有营养、吃得安全放心。

相关知识

一、食品的定义

食品是指各种供人食用或者饮用的成品和原料，以及按照传统既是食品又是药品的物品，但是不包括以治疗为目的的物品。

小知识

我国国家标准《食品工业基本术语》（GB/T 15091—1994）对食品的定义：可供人类食用或饮用的物质，包括加工食品、半成品和未加工食品，不包括烟草或只作药品用的物质。从食品卫生立法和管理的角度，广义的食品概念还涉及生产食品的原料、食品原料种植、养殖过程中接触的物质和环境、食品的添加物质、所有直接或间接接触食品的包装材料和设施以及影响食品原有品质的环境。

二、食品的分类

食品的品种繁多，有16个大分类、300多个小分类。随着食品工业的发展，涌现出了许许多多新型食品。以下种类是依据我国食品分类标准制定的，见表6-1。

表6-1　食品的分类

分　类	描　述	举　例
粮食及制品	各种原粮、成品粮以及各种粮食加工制品	方便面等
食用油	植物和动物性食用油料	花生油、大豆油、动物油等
肉及其制品	动物性生、熟食品及其制品	生、熟畜肉和禽肉等

（续）

分　类	描　述	举　例
消毒鲜乳	乳品厂（站）生产的经杀菌消毒的瓶装或软包装消毒奶	牛奶、马奶等
乳制品	乳粉、酸奶及其他属于乳制品类的食品	乳酪、黄油等
水产类	供食用的鱼类、甲壳类、贝类等鲜品及其加工制品	鲤鱼、虾、海带等
罐头	将加工处理后的食品装入金属罐、玻璃瓶或软质材料的容器内，经排气、密封、加热杀菌、冷却等工序达到商业无菌的食品	水果罐头、鱼罐头等
食糖	各种原糖和成品糖，不包括糖果等制品	白糖等
冷食	固体冷冻的即食性食品	冰棍、雪糕、冰激凌等
饮料	液体和固体饮料	碳酸饮料、汽水、果味水、酸梅汤、散装低糖饮料、矿泉饮料、麦乳精等
蒸馏酒、配制酒	以含糖或淀粉类原料，经糖化发酵蒸馏而制成的白酒（包括瓶装和散装白酒）；以发酵酒或蒸馏酒作酒基，经添加可食用的辅料配制而成的酒	果酒、白兰地、香槟等
调味品	酱油、食醋、食盐及其他复合调味料等	酱油、酱、食醋、味精、食盐等
豆制品	以各种豆类为原料，经发酵或未发酵制成的食品	豆腐、豆粉、素鸡、腐竹等
糕点	以粮食、糖、食油、蛋、奶油及各种辅料为原料，经烘烤、油炸或冷加工等方式制成的食品	饼干、面包、蛋糕等
糖果蜜饯	以果蔬或糖类的原料经加工制成的糖果	蜜饯、果脯、凉果和果糕等
酱腌菜	用盐、酱、糖等腌制的发酵或非发酵类蔬菜	酱黄瓜等
保健食品	具有保健功能或者以补充维生素、矿物质等营养物质为目的的食品	多糖类、维生素类、肽与蛋白质类、活性菌类、微量元素类等
新资源食品	在我国新研制、新发现、新引进的无食用习惯的，符合食品基本要求，对人体无毒无害的食品	叶黄素酯、嗜酸乳杆菌等
其他食品	未列入上述范围或新制定评价标准的食品类别	

第二节　乳和乳制品

情景导入

　　牛奶（见图6-1）是人们日常生活中喜爱的饮食之一，喝牛奶的好处如今已越来越被大众所认可，牛奶中含有丰富的钙、维生素D等，包括人体生长发育所需的氨基酸，消化率高，这些都是其他食物无法比拟的。

　　从过去排着长队"凭票订奶"到如今超市里乳品任人挑选，从曾经的小产业到如今数千亿元营收规模的大产

图6-1　牛奶

业，我国奶业的发展发生了翻天覆地的变化。奶牛养殖产量快速增长，质量显著提升；乳品加工

产量迅猛增长，生鲜乳和乳制品抽检合格率99%以上，质量明显改善；乳品消费数量大幅增加，种类丰富；奶业品牌影响力显著提升，伊利、蒙牛、光明、君乐宝、飞鹤等一批中国乳企正在不断加快国际化步伐，扬帆出海，积极"走出去"，搭建新的竞争生态圈。

相关知识

一、乳的成分

乳是一种由一系列不同种类的化学分子构成的极其复杂的生物液态物，主要由脂肪、蛋白质、乳糖、无机盐和维生素等组成。虽然各种动物乳成分含量差异较大，但是包含的主要成分总体上大同小异。其主要成分如图6-2所示。

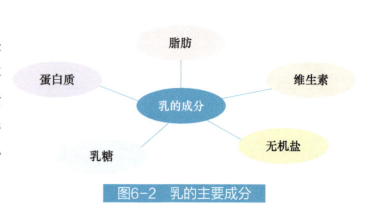

图6-2 乳的主要成分

1. 脂肪

乳脂肪呈球状，是由含有4~8个碳原子的饱和脂肪酸和以油酸为主的不饱和脂肪酸构成的甘油三酯的混合物。其中甘油三酯占99%，其余的1%大部分是磷脂（即卵磷脂、脑磷脂及神经磷脂）、微量的胆固醇及其他脂类。乳脂肪中也含有少量不饱和程度更高的亚油酸和亚麻酸。

2. 蛋白质

乳中所含氮的95%为真蛋白质，其余5%是非蛋白含氮化合物，其中有尿素、氨、氨基酸、尿酸、肌酸和肌酐等。乳蛋白主要由酪蛋白和乳清蛋白组成。乳中酪蛋白所占比例因动物种类而异。

3. 乳糖

大多数哺乳动物乳中的主要碳水化合物是乳糖，全部溶解在乳清中。它是乳腺合成的特有的化合物，即在动物的其他器官中没有这种糖。乳糖在所有动物乳中的含量都很高，是维持渗透压的主要成分之一。乳中还有其他单糖和多糖。其中，单糖主要是葡萄糖和半乳糖，它们与乳糖的合成关系密切；多糖是溶解了的低聚糖，具有抗原活性和促进肠道某些细菌生长的作用。

4. 无机盐

乳中矿物质约占0.75%。除常量元素外，存在于乳中的微量元素也有多种。乳中的无机盐包括钾、钠、钙、镁的磷酸盐、氯化物和柠檬酸盐，还有微量的碳酸氢盐。乳中矿物质主要来自血液，但与血液相比，乳中含有较高的钙、磷、钾、镁和碘，较低的钠、氯和碳酸氢盐。钠、钾、氯离子和乳糖是维持乳渗透压的主要成分。

5. 维生素

乳中含有动物体所需要的各种维生素。脂溶性维生素A、D、E和K都和脂肪球在一起。乳中维生素A和B胡萝卜素含量丰富，维生素C、D含量很少，维生素E、K含量甚微。B族维生素的含量变化很大，主要受饲料含量的影响。

近年来，我国开始实施生鲜乳质量安全监测计划，对乳蛋白、乳脂肪、菌落总数、黄曲霉素、体细胞数，重金属铅、铬、汞，三聚氰胺和革皮水解物等10项指标进行监测。抽检数据显示，国内鲜奶三聚氰胺监测合格率100%，检出的最大含量远低于美国、欧盟的标准。与此同时，生鲜乳中的乳蛋白、乳脂肪等营养指标达到较高水平，菌落总数、重金属等监测平均值远低于我国限量标准。

二、乳与乳制品的品种与特性

乳制品是指以生鲜牛（羊）乳及其制品为主要原料，经加工制成的各种乳制品的总称，包含液态乳、酸乳、含乳饮料、奶粉、干酪、炼乳、奶油和冰激凌等。

1. 液态乳

液态乳是用健康奶牛所产的新鲜乳汁，经有效的加热杀菌方式处理后分装出售的饮用牛乳。液态乳一般按成品组成、杀菌方式和包装形式进行分类。

（1）按成品组成分类，见表6-2。

表6-2　液态乳按成品组成分类

分　类	描　述
全脂牛乳	含乳脂肪在3.1%以上
强化牛乳	添加多种维生素、铁盐的牛乳，如添加维生素A、B_1、B_2、B_6等以满足特殊需要
低脂牛乳	含乳脂肪在1.0%~2.0%的牛乳
脱脂牛乳	含乳脂肪在0.5%以下的牛乳
花色牛乳	在牛乳中加入咖啡、可可、果汁等

（2）按杀菌方式分类，见表6-3。

表6-3　液态乳按杀菌方式分类

分　类	制　造　方　法
低温长时间杀菌牛乳	牛乳经62~65℃、保持30分钟的杀菌法杀菌、冷却、包装后的产品
高温短时间杀菌牛乳	牛乳经72~75℃、保持15~16秒杀菌，或经80~85℃、保持10~15秒加热杀菌
超高温灭菌牛乳	牛乳加热至130~150℃、保持0.5~4秒杀菌或灭菌
蒸汽直接喷射法超高温灭菌牛乳	大致与超高温灭菌牛乳相同。牛乳与高温蒸汽直接接触，在喷射过程中瞬间达到灭菌的效果，经无菌包装后即为灭菌牛乳
瓶装（或罐装）灭菌牛乳	牛乳在装瓶（或装罐）密封后，于密闭容器中加压灭菌

（3）按包装形式分类，可分为玻璃瓶装消毒牛乳、塑料瓶装消毒牛乳、塑料涂层的纸盒装消毒牛乳、塑料薄膜包装的牛乳和多层复合纸包装的牛乳。

一般液态乳主要分为巴氏杀菌乳和超高温灭菌乳。巴氏杀菌乳需冷藏，新鲜、营养、健康，保质期短（2~14天）。超高温灭菌乳无须冷藏，饮用方便，便于携带，保质期长（30天至8个月）。

2. 酸乳

酸乳（即酸奶）是以牛乳为主要原料，经杀菌后接入乳酸菌菌种，保温发酵制成的产品。

根据产品的组织状态，酸奶可分为凝固型酸奶和搅拌型酸奶。凝固型酸奶的发酵过程是在包装容器中进行的，从而使成品因发酵而保留了凝乳状态。传统的玻璃瓶和瓷瓶装的酸奶即属于此类型。搅拌型酸奶是将发酵后的凝乳在灌装前或灌装过程中搅碎，制成具有一定黏度的奶油样制品。

酸奶产品有益于人体肠胃健康，可促进食欲，改善消化功能，且口感细腻酸甜，保质期较长。

3. 含乳饮料

含乳饮料主要分为中性乳饮料和酸性乳饮料。酸性乳饮料包括发酵型酸乳饮料和调配型酸乳饮料。

中性乳饮料主要以水、牛乳为基本原料，加入其他风味辅料，如咖啡、可可、果汁等，再加以调色调香而制成的饮用牛乳。

发酵型酸乳饮料是指以鲜乳或乳制品为原料，经发酵，加入水和增稠剂等辅料加工制成的产品。由于杀菌方式不同，发酵型酸乳饮料可分为活性乳酸菌饮料和非活性乳酸菌饮料。

调配型酸乳饮料是以鲜乳或乳制品为原料，加入水、糖液、酸味剂等调制而成的，产品经过灭菌处理，保质期比发酵型酸乳饮料要长，产品中的蛋白质含量都在0.7%以上。

含乳饮料的特性是口味独特，易于被人们接受，保质期较长。

4. 奶粉

奶粉一般是鲜牛奶经过干燥工艺制成的粉末状乳制品，主要分为两大类（见表6-4）：普通奶粉、配方奶粉。常见的普通奶粉有全脂淡奶粉、全脂加糖奶粉和脱脂奶粉等。全脂淡奶粉是指以新鲜牛奶为原料，经浓缩、喷雾干燥制成的粉末状食品。脱脂奶粉是指以牛奶为原料，经分离脂肪、浓缩、喷雾干燥制成的粉末状食品。

表6-4　奶粉的分类

奶　粉	普通奶粉	全脂淡奶粉
		全脂加糖奶粉
		脱脂奶粉
	配方奶粉	婴幼儿配方奶粉
		功能性配方奶粉
		营养强化奶粉

配方奶粉是根据不同人群的营养需求，调整普通奶粉营养成分的比例，并强化所需的钙、铁、锌、硒等矿物质，维生素A、D、E、C、B族，以及牛磺酸、低聚果糖等营养强化剂及功能因子等。其营养价值高，易吸收，便于携带，保质期长。

小知识

奶粉的产生

据记载，在13世纪初成吉思汗西征时，要穿越大片沙漠，而军粮不足和沙漠恶劣的气候成了最大的障碍。大将慧元在长期实践中发现，把牛奶用大锅熬成糊状（去除水分），再晾晒制成粉末、奶疙瘩，有水便可冲饮。长途行军时，奶粉便于携带，且使士兵能在马背上迅速补充体力，从而解决了军粮问题。这是目前公认的人类最早使用奶粉的文字记录，因此我国是最早发明奶粉的国家。

5. 干酪

干酪是在牛奶中加入凝乳酶，使奶中的蛋白质凝固，经过压榨、发酵等过程制取的乳品，也叫奶酪、奶干、奶饼。每千克干酪制品大约由10千克牛奶制成，是一种具有极高营养价值的乳制品，蛋白质含量达到25%左右，乳脂肪含量达到27%左右，钙含量可达1.2%，而且钙、磷比值接近2:1，最容易被人体吸收，吸收率可达85%，是理想的补钙食品，更是补充优质蛋白质的理想食品。

干酪大体可分为天然干酪、融化干酪和干酪食品。干酪的特性是营养价值高，易被人体吸收，携带方便，如图6-3所示。

图6-3 干酪

6. 炼乳

炼乳是将鲜乳经真空浓缩或用其他方法除去大部分水分，浓缩至原体积的25%～40%的乳制品。炼乳加工时由于所用的原料和添加的辅料不同，可以分为加糖炼乳（甜炼乳）、淡炼乳、脱脂炼乳、半脱脂炼乳、花色炼乳、强化炼乳和调制炼乳等。炼乳是"浓缩奶"的一种，如图6-4所示。炼乳的特性是消化性好，不会引起牛乳过敏。

图6-4 炼乳

7. 奶油

奶油是新鲜牛奶中分离出来的乳脂肪，根据其含量不同一般分为稀奶油和奶油两种，如图6-5所示。乳脂肪可以直接加工制成可口的风味食品，如甜奶油、酸奶油、花色奶油和黄油。

奶油含有20种以上的脂肪酸，并且低碳链（14个碳以下）的脂肪酸含量多达15%，所以奶油具有特殊的香味和柔润的质体。乳脂肪不但比其他脂肪更容易被人体吸收，其消化率高于95%，而且其中含有大量的脂溶性维生素和人体所需的脂肪酸，所以乳脂肪是一种风味独特的营养食品。另外，由于奶油具有良好的乳化性、充气性、润滑作用和起酥性等，所以它也是冰激凌、雪糕等冷冻食品，西餐和各种糕点不可缺少的原料。但因其脂肪含量较高，所以建议适量食用。

8. 冰激凌

冰激凌一般是以牛奶为主要原料，添加脂肪、砂糖、香料及品质改良剂等，经冻结而成的具有较高膨胀率的冷冻制品，如图6-6所示。冰激凌的种类很多，配料也是多种多样的。冰激凌的特性是易于消化，作为夏季饮用的冷饮而深受人们的喜爱，而且由于一般冰激凌的脂肪及糖的含量较高，因此它也是一种高能量食品。

图6-5 奶油　　　　　　　　　　图6-6 冰激凌

2022年5月29日，茅台冰激凌首发推介会在贵阳国际生态会议中心举行，茅台与蒙牛联名出品的青梅煮酒味、经典原味、香草口味三款预包装茅台冰激凌首发上市，并在"i茅台"App上售卖。茅台称，三款冰激凌均属于全乳脂冰激凌，精选优质新鲜牛乳（占比45%以上），添加20%以上的稀奶油，产品乳脂肪含量大于8%。茅台冰激凌实现了"酱香"与"奶香"的神奇交融，也奏响了食品跨界创新的美妙旋律。

第三节　饮　料

情景导入

我国的饮料大致可分为碳酸饮料、果蔬汁、蛋白饮料、饮用水、茶饮料、咖啡饮料、植物饮料、风味饮料、特殊用途饮料、固体饮料等类别。

调查数据显示，目前消费者经常喝的饮料品类主要为包装饮用水（62.7%）、碳酸饮料（55.0%）、奶制品（54.0%）、气泡水（42.0%）等。由于饮料的主要成分是水，在大部分佐餐、出游的情况下，消费者选择饮料的主要目的是补充水分，且包装饮用水相较于其他饮料来说，添加剂较少，较为健康，因此在一定程度上更受消费者偏爱。

目前，我国饮料产业规模稳定，饮料业呈现良好增长态势。随着绿色健康意识的提高，消费者越来越多看重饮料的健康性和功能性，非碳酸饮料及功能饮料更受青睐。绿色健康产品及新型功能产品将会是未来发展的潮流。

相关知识

一、饮料的定义

饮料是指以水为基本原料，由不同的配方和制造工艺生产出来，供人们直接饮用的液体食品，如图6-7所示。除提供水分外，由于在不同品种的饮料中含有不等量的糖、酸、乳，以及各种氨基酸、维生素、无机盐等营养成分，因此有一定的营养。

图6-7　饮料

饮料一般可分为含酒精饮料和无酒精饮料（又称软饮料）。酒精饮料是指供人们饮用且乙醇（酒精）含量在0.5%～0.65%的饮料，包括各种发酵酒、蒸馏酒及配制酒。无酒精饮料是指酒精含量小于0.5%，以补充人体水分为主要目的的流质食品，包括固体饮料。

二、饮料的种类

以下仅介绍无酒精饮料的种类。

1. 碳酸饮料

碳酸饮料是指在一定条件下充入二氧化碳气体的制品（见图6-8），不包括由发酵法自身产生二氧化碳气体的饮料。目前主要有果汁型、果味型、可乐型和低热量型碳酸饮料。果汁型碳酸饮料是指原果汁含量不低于2.5%的碳酸饮料，如桔汁汽水、橙汁汽水、菠萝汁汽水或混合果汁汽水等。果味型碳酸饮料是指以果香型食用香精为主要赋香剂，原果汁含量低于2.5%的碳酸饮料，如桔子汽水、柠檬汽水等。可乐型碳酸饮料是指含有焦糖色、可乐香精或类似可乐果、水果香型的辛香、果香混合香型的碳酸饮料。无色可乐不含焦糖色。低热量型碳酸饮料是指以甜味剂全部或部分代替糖类的各种碳酸饮料和苏打水。

2. 果汁饮料

果汁饮料是指用新鲜或冷藏水果为原料，经加工制成的制品（见图6-9），包括果汁、果浆、果肉饮料、果粒果汁饮料、水果饮料浓浆和水果饮料。

图6-8 碳酸饮料　　　　　　　　　图6-9 果汁饮料

3. 蔬菜汁饮料

蔬菜汁饮料是指用新鲜或冷藏蔬菜（包括可食的根、茎、叶、花、果实、食用菌、食用藻类及蕨类）等为原料，经加工制成的制品，包括蔬菜汁、复合果蔬汁、食用菌饮料、藻类饮料和蕨类饮料。

4. 含乳饮料

含乳饮料是指以鲜乳或乳制品（经发酵或未经发酵）为原料，经加工制成的制品，包括配制型含乳饮料和发酵型含乳饮料。

5. 植物蛋白饮料

植物蛋白饮料是指用蛋白质含量较高的植物的果实、种子，或者核果类、坚果类的果仁等为原料，经加工制成的制品，包括豆乳类饮料、椰子乳（汁）饮料、杏仁乳（露）饮料和其他植物蛋白饮料。

6. 瓶装饮用水

瓶装饮用水是指密封于塑料瓶、玻璃瓶或其他容器中不含任何添加剂可直接饮用的水，包括饮用天然矿泉水、饮用纯净水和其他饮用水。

7. 茶饮料

茶饮料是指用水浸泡茶叶，经抽提、过滤、澄清等工艺制成的茶汤，或在茶汤中加入水、糖液、酸叶剂、食用香精、果汁或植（谷）物抽提液等，调制加工而成的制品，包括茶汤饮料、果汁茶饮料、果味茶饮料和其他茶饮料等。

8. 固体饮料

固体饮料是指以糖、食品添加剂、果汁或植物抽提物等为原料，加工制成粉末状、颗粒状或块状的制品，包括果香型固体饮料、蛋白型固体饮料等。

小知识

　　近年来，我国着重调整饮料产品结构，降低碳酸饮料的比例。饮料行业生产总量继续提高，重点发展果蔬汁饮料、植物蛋白饮料和茶饮料等产品，适度发展瓶（罐）装饮用矿泉水，逐步减缓可乐等碳酸类饮料的发展。目前，功能饮料、果汁饮料、茶饮料等健康饮料所占比例不断加大。追求健康价值，是未来我国饮料市场发展的必然方向。

第四节　干　货

情景导入

　　木耳生长于栎、杨、榕、槐等120多种阔叶树的腐木上，单生或群生，属担子菌纲、木耳目、木耳科。野生黑木耳主要分布在大小兴安岭林区，无论是野生还是人工种植，主产地都在东北三省。秦巴山林区、伏牛山、云南等地也有分布。

　　黑木耳是著名的山珍，可食、可药，有"素中之荤"的美誉。除了木耳，你还知道哪些干货？

温馨提示

　　我国是一个饮食大国，因此全国各地形成了很多干货市场，只要留意，在你身边就可以找到。随着互联网的兴起，很多干货信息网站涌现出来，如中国干货门户网、坚果果干网等。全国经营干货的商人不在少数，干货业已经是一个相当繁荣的产业。随着人们生活质量的提高，干货业会更加发展壮大。

>>> 相关知识 <<<

一、干货及其种类

干货泛指用风干、晾晒等方法去除了水分的调味品、食品。常见的干货有去除了水分的木耳、紫菜、香菇、红枣、桂皮、辣椒、花椒、大茴香、小茴香、胡椒、枸杞、桂圆和花生等。第一，干货一定是去除了水分的，像湿木耳、刚采摘的蘑菇、未晾干的大枣和青辣椒就不能算是干货。第二，很多风干的天然调料都是干货，如花椒、胡椒、茴香、桂皮等。第三，一部分传统草药既是药品，同时也是干货，如枸杞，只不过传统草药的酿制水平要求更高。常见的几种干货，如图6-10所示。

图6-10 木耳、红枣和花椒

干货一般可分为以下几种，见表6-5。

表6-5 干货的种类

种 类	描 述	举 例
干果	指果实果皮成熟后为干燥状态的果子，又分为裂果和闭果。干果的壳在成熟后会开裂，称为裂果；干果的果皮果壳不开裂，称为闭果	如板栗、锥栗、霹雳果、榛子、腰果、核桃、瓜子、松仁、杏仁、白果、开心果、碧根果、沙漠果、榧子、白瓜子、南瓜子、花生、巴旦木（扁桃仁）、夏威夷果等
干蔬	指新鲜蔬菜经过晒干或者风干制成的蔬菜干	如白菜、芥菜、笋、豇豆、胡萝卜、白萝卜、雪里蕻、黄花菜、茄子、香菇、红薯、土豆等
调味料	调味料也称佐料，是指被用来加入其他食物中以改善味道的食品成分，味道上有酸、甜、苦、辣、咸、鲜、麻，香气上有甜香、辛香、薄荷香、果香等	常见的调味料有花椒、胡椒、辣椒、茴香、桂皮、八角、干姜、陈皮、月桂叶、柠檬叶等
杂粮	指水稻、小麦、玉米、大豆、薯类五大作物以外的粮豆作物	包括高粱、谷子、荞麦、燕麦、大麦、糜子、薏仁、菜豆、绿豆、黄豆、小豆、蚕豆、豌豆、小扁豆、黑豆、芝麻等
饮品	指经加工制成的适于供人或牲畜饮用的液体，尤指用来解渴、提供营养或提神的液体，但是有些会将其制作成干货保存	如奶粉、椰子粉、奶茶固体饮料、菊花茶粉、蓝莓汁粉、柠檬粉、茶叶、咖啡粉等
中药材	指在我国传统医术指导下应用的原生药材，用于治疗疾病，一般是经过干燥处理的，用药部位为各种植物的根、茎、花、叶、果等	如黄连、当归、贝母、天麻、忍冬、丹参、元胡、人参、黄芩、甘草、地黄、杜仲、五倍子、猪苓、黄芪、肉苁蓉、射干、姜黄、羌活、前胡等
果脯	指新鲜水果经过去皮、去核、糖水煮制、浸泡、烘干和整理包装等主要工序制成的食品	如山楂片、葡萄干、柠檬片、红枣片、榴莲干、芒果干等
海产品	指海洋中可供食用的产品，有些是经过风干晾晒的	如发菜、海带、紫菜、虾仁、虾皮、干贝、鱼翅、干海参、鱿鱼干、墨鱼干、螺肉干、银鱼干、鲍鱼干、章鱼干等

二、干货的采购

消费者可以从以下三个方面选购高质量的干货。

（1）闻味道。有的干货洒过二氧化硫，有一股酸涩的硫黄味。食用这样的产品有害健康。

（2）辨颜色。颜色过于暗淡的干货，可能是放置过久的次级品，不能购买；经过染色或漂白的产品也不能购买。

（3）看外形。干货外观完整、无虫蛀、未发霉，说明是仔细挑选出来的，表示品质和加工技术都比较优良。

第五节　酒　类

我国是酒的王国。酒的品种之多、产量之丰，堪称世界之冠。我国又是酒人的乐土，饮酒之风历经数千年而不衰。我国更是酒文化的极盛地，饮酒的意义远不止生理性消费和口腹之乐，在许多场合，它都是作为一个文化符号、一种文化消费，用来表示一种礼仪、一种气氛、一种情趣以及一种心境。酒文化在我国源远流长，不少文人学者写下了品评鉴赏美酒佳酿的著述，留下了斗酒、写诗、作画、养生、宴会、饯行等佳话。

酒作为一种特殊的文化载体，在人类交往中占有独特的地位。酒文化已经渗透到人类社会生活中的各个领域，对文学艺术、医疗卫生、工农生产、政治经济各方面都有巨大的影响和作用。你对酒及酒文化了解多少？

一、酒的定义

酒是用高粱、米、麦或葡萄等发酵制成的含乙醇的饮料。食用酒是一种保健饮料，能促进血液循环，通经活络，祛风湿。医用酒精用于伤口消毒；无水乙醇用作化学试剂，用于化学分析和科学试验；工业酒精用作燃料，用于化工行业生产各种化工产品。

二、酒的分类

1. 白酒

白酒是以曲类、酒母为糖化发酵剂，利用淀粉质（糖质）原料，经蒸煮、糖化、发酵、蒸馏、陈酿和勾兑酿制而成的。

其分类方法主要有两种，即按酒的香型和酒质分类，见表6-6和表6-7。

表6-6 白酒按香型分类

类 型	特 点 描 述	代 表 产 品
酱香型白酒	酱香柔润，发酵工艺最为复杂。所用的大曲多为超高温酒曲	茅台酒
浓香型白酒	以浓香甘爽为特点，发酵原料以高粱为主，采用混蒸续渣工艺，发酵采用陈年老窖，也有采用人工培养的老窖	泸州老窖、五粮液、洋河大曲
清香型白酒	清香纯正，采用清蒸清渣发酵工艺，发酵采用地缸	汾酒
米香型白酒	米香纯正，以大米为原料，小曲为糖化剂	桂林三花酒
其他香型白酒	各有特征，这些酒的酿造工艺采用浓香型、酱香型或清香型白酒的一些工艺，有的酒的蒸馏工艺也采用串香法	西凤酒、董酒、白沙液

表6-7 白酒按酒质分类

分 类	描 述	举 例
国家名酒	白酒的国家级评比，共进行过5次	茅台酒、汾酒、泸州老窖、五粮液
国家级优质酒	国家级优质酒的评比与国家名酒的评比同时进行	
各省部评比的名优酒	省、部评比	湖北的白云边
一般白酒	占酒产量的大多数，价格低廉，为百姓所接受	

2. 啤酒

啤酒是以大麦芽（包括特种麦芽）为主要原料，加酒花，经酵母发酵酿制而成的、含二氧化碳的、起泡的、低酒精度（2.5%～7.5%）的各类熟鲜酒，如图6-11所示。啤酒是当今世界各国销量最大的低酒精度饮料之一，其品种很多，一般可根据生产方式、产品浓度、啤酒的色泽、啤酒的消费对象、啤酒的包装容器、啤酒发酵所用酵母菌的种类来分类。

图6-11 啤酒

啤酒的类型，见表6-8。

表6-8 啤酒的类型

分 类 方 式	类 型
按色度分类	淡色啤酒、浓色啤酒、黑啤酒、其他啤酒
按生产方式分类	鲜啤酒、熟啤酒
按包装分类	瓶装啤酒、桶装啤酒、罐装啤酒
按浓度分类	普通啤酒、无酒精啤酒、无糖或低糖啤酒

啤酒优劣的感观鉴别

（1）看透明度，即提起酒瓶观察啤酒液体的透明度，凡酒液透明清亮、有光泽者为优质，凡酒液浑浊且有絮状物沉淀、小颗粒、失光者为劣质。

（2）观测色泽（不透明），即把啤酒倒入无色透明的玻璃杯中，观察其颜色。优质黄啤酒为浅黄带绿色，色泽越浅越优；优质黑啤酒为深咖啡色，色泽越深越浓越优。

（3）观测泡沫，即把啤酒倒入洁净的玻璃杯中，应立即有泡沫升起。泡沫以充沛、量多、洁白细腻、持久挂杯（附着杯壁超过3分钟不消失）者为优。泡沫以粗糙、色深、消失快者为劣。

（4）嗅香气，品滋味。黄啤酒以有突出的清香者为优，黑啤酒以有突出的麦芽香者为优。啤酒滋味以纯正、柔和、清凉、爽口为优，以口味平淡、有异味为劣。

3. 葡萄酒

按照我国最新的国家标准《葡萄酒》（GB/T 15037—2006）规定，葡萄酒（见图6-12）是以鲜葡萄或葡萄汁为原料，经全部或部分发酵酿制而成的，酒精度不低于7.0%的酒精饮品。

图6-12 葡萄酒

葡萄酒的国家标准是《葡萄酒》（GB/T 15037—2006），该标准于2006年12月11日发布，已于2008年1月1日在生产领域里实施。

葡萄酒的类型，见表6-9。

表6-9 葡萄酒的类型

分 类 方 式	类 型
酒的色泽	红葡萄酒、白葡萄酒、桃红葡萄酒
葡萄酒的颜色深浅	干红葡萄酒、半干红葡萄酒、半甜红葡萄酒、甜红葡萄酒
葡萄酒的含糖量	干葡萄酒、半干葡萄酒、半甜葡萄酒、甜葡萄酒
酒中二氧化碳的压力	无汽葡萄酒、起泡葡萄酒、葡萄汽酒
葡萄酒经过再加工	加香葡萄酒、白兰地

4. 黄酒

黄酒（见图6-13）是指以稻米、黍米、黑米、玉米、小麦等为原料，经过蒸煮，拌以麦曲、米曲或酒药，进行糖化和发酵酿制而成的酒精饮料。它是世界上最古老的酒类之一，酵母曲种质量决定酒质。黄酒与啤酒、葡萄酒并称世界三大古酒。

图6-13 黄酒

小知识

黄酒作为我国最古老的酒种，在中国酒文化史上曾享有重要的地位。黄酒以其独特的味道及丰富的营养，为我国人民所喜爱，并早已名扬世界。绍兴酒（黄酒的一种）是国宴上的常用酒。黄酒这个品种非常古老，早在夏、商、周三代就已经大量生产，并且流传至今。

黄酒的类型，见表6-10。

表6-10 黄酒的类型

分类标准	类 型	描 述
糖化发酵剂	糯米黄酒	以酒药和麦曲为糖化发酵剂
	黍米黄酒	以米曲霉制成的麸曲为糖化发酵剂
	大米黄酒	以米曲加酵母为糖化发酵剂
	红曲黄酒	以糯米为原料，红曲为糖化发酵剂
含糖量	干黄酒	"干"表示酒中的含糖量少，总含糖量低于或等于15克/升。口味醇和、鲜爽、无异味
	半干黄酒	"半干"表示酒中的糖分还未全部发酵成酒精，还保留了一些糖分，也称为"加饭酒"，总糖含量在15～40克/升。口味醇厚、柔和、鲜爽、无异味
	半甜黄酒	用成品黄酒代水，加入发酵醪中，使糖化发酵在开始之际，发酵醪中的酒精浓度就达到较高的水平，在一定程度上抑制了酵母菌的生长速度。由于酵母菌数量较少，发酵醪中产生的糖分不能转化成酒精，故成品酒中的糖分较高。总含糖量在40～100克/升，口味醇厚、鲜甜爽口，酒体协调、无异味
产地		房县黄酒、代州黄酒、绍兴酒、金华酒、丹阳酒、九江封缸酒、山东兰陵酒、河南双黄酒等

第六节 茶 叶

 情景导入

茶叶是我们日常生活中非常常见的商品，茶文化博大精深。茶有三德之说，你知道吗？

一说：茶是有德之物

陆羽在《茶经》中将茶称为"南方嘉木"。茶对人类贡献良多，从感官到精神，茶给人类带来了莫大的享受，诚如"饮茶十德"所说的那样：以茶尝滋味，以茶养身体；以茶散腥气，以茶驱病气；以茶养生气，以茶散闷气；以茶利礼仁，以茶表敬意；以茶可雅心，以茶可行道。

二说：茶人应重视品德修养

陆羽在《茶经》中提出"精行俭德"，是与茶人的共勉。比较通俗简单地说，"精行俭德"是指良好的操行与品德。茶与其他食物不同，茶饮除了提供感官上的享受外，还使人有精神上的愉悦感，人们可以修身养性，以茶悟道。茶人大多洁身自好，重视传统，珍视友谊。

三说：茶饮创导社会公德

茶文化源远流长，是当之无愧的中华国饮。客来敬茶，以茶会友，以茶代酒，自古就是中华民族的良风美俗。

温馨提示

大约在公元 5 世纪南北朝时，中国的茶叶就开始陆续输出到东南亚邻国，到 17 世纪中国茶已传播到世界各地，增进了健康，增进了快乐，增进了身心和谐，为健康理念和禅茶文化增添了无限魅力。茶叶营养丰富，种类繁多，具有特殊的文化内涵。

>>> **相关知识** <<<

一、茶叶的主要成分

茶不仅是一种清香的饮料，而且具有重要的药用价值，如图6-14所示。古茶书中提及茶的保健功能有60余种，当代茶人用科学手段证明茶叶中含生化成分600多种，其中有机化合物就有500多种，其主要成分有茶多酚、蛋白质、碳水化合物、生物碱、有机酸、氨基酸、微量元素（包括维生素等）和矿物质等。

图6-14　茶

1. 茶多酚

茶多酚是茶叶中多酚类物质的总称，占茶叶干物质总量的20%～30%，主要由儿茶素、黄酮、花青素、花白素和酚酸等类物质组成。其中儿茶素占茶多酚的60%～80%，它是形成茶汤滋味的主要成分，也是茶叶中主要的活性物质。儿茶素类物质含有两个以上互为邻位的羟的多元酚，具有抗氧化能力。

2. 生物碱

茶叶中的生物碱占茶叶干物质总量的3%～5%，主要是咖啡碱。它能增加血液中儿茶素类物质的合成和分泌，有提神抗疲劳、利尿的功效。

3. 氨基酸

茶叶中的氨基酸占茶叶干物质总量的1%～5%，有28种之多。氨基酸既能增进茶汤鲜味，又是组成蛋白质的基本单位，而蛋白质是组成人体的重要成分之一。

4. 碳水化合物

茶叶中的碳水化合物含量高达20%，包括淀粉、纤维素和木质素等物质，绝大部分属于多糖，具有预防糖尿病及抗辐射等功效。

5. 微量元素（维生素）

茶叶中的维生素含量占0.6%～1%，主要有维生素C、B、E、K、P、A原、U等。含量虽不多，其作用却不能忽视。茶叶中的B族维生素种类齐全，有维生素B_1、B_2、B_5、B_{11}等。维生素B的含量虽少，但可全部溶于热水，为人体所吸收。茶叶中脂溶性维生素有维生素A原、维生素D、维生素E和维生素K等。

6. 矿物质

茶叶中含有矿物质元素20余种，主要有钾、钙、镁、铁和铜等。许多元素具有抗癌、抗突变、保肝脏等功效。

小知识

2015年，中国科学院正式证实，从陕西汉阳陵出土的植物样品为古代茶叶，这些茶叶距今已经有2100多年的历史。汉阳陵出土的茶叶获得了吉尼斯世界纪录认证，成为迄今为止发现的最古老的茶叶。

二、茶叶的主要品种及特点

我国茶叶主要可分为六大类：绿茶、红茶、黄茶、白茶、青茶、黑茶。

1. 绿茶

绿茶是以适宜茶树新梢为原料，经杀青、揉捻、干燥等工艺过程制作而成的茶叶。其干茶色泽和冲泡后的茶汤、叶底以绿色为主调，如图6-15所示。

图6-15 绿茶

绿茶较多地保留了鲜叶内的天然物质。其中茶多酚、咖啡碱保留了鲜叶的85%以上，叶绿素保留了50%左右，维生素的损失也较少，从而形成了绿茶"汤清叶绿、滋味收敛性强"的特点。

绿茶品种繁多，品质优异，不但香高味长，而且造型独特，具有较高的艺术欣赏价值。绿茶按其制作方法不同，可分为炒青、烘青、晒青和蒸青绿茶，具体见表6-11。

表6-11 绿茶的分类

分类标准	类型	工艺流程	特点	代表名茶
制作方法	炒青绿茶	杀青→揉捻（或不揉捻，只在锅中进行造型）→炒干	色泽绿润，外形呈条、圆、扁或卷曲状；内质大多为栗香型，也有清香型；香气持久，滋味浓醇爽口，汤色绿亮，叶底黄绿明亮	西湖龙井 洞庭碧螺春 蒙顶甘露 信阳毛尖
	烘青绿茶	杀青→揉捻造型→烘干	条索细紧完整，显峰毫；色泽深绿油润，细嫩的茸毛很多；香气清香，滋味鲜醇；汤色清澈明亮；叶底匀整，嫩绿明亮	黄山毛峰 六安瓜片
	晒青绿茶	杀青→揉捻（特别粗老的不揉捻，晒干）→晒干	条索粗壮肥硕，白毫显露；色泽深绿油润，香味浓醇，富有收敛性；耐冲泡，汤色黄绿明亮，叶底肥厚	滇青毛茶 滇青绿茶
	蒸青绿茶	蒸青杀青→粗揉→中揉→精揉→烘干→成品	干茶呈棍棒形，色泽绿，茶汤浅绿明亮，叶底青绿；香气鲜爽，滋味醇、清鲜	恩施玉露 玉露茶煎茶 抹茶

小知识

绿茶是历史最悠久的茶类。古代人类采集野生茶树的芽叶晒干收藏，可以看作广义上绿茶加工的开始，距今至少有3000多年。但真正意义上的绿茶加工，是从8世纪发明蒸青制法开始的。到12世纪又发明了炒青制法，绿茶加工技术已比较成熟，一直沿用至今，并不断完善。

绿茶为我国产量最大的茶类。以浙江、安徽、江西三省产量最高，质量最优，是我国绿茶生产的主要基地。在国际市场上，我国绿茶占国际贸易量的70%以上，销售区遍及北非、西非各国，以及法、美、阿富汗等50多个国家和地区。在国内市场上，绿茶销量占内销总量的1/3以上。同时，绿茶又是生产花茶的主要原料。

2. 红茶

红茶是以适宜茶树新芽叶为原料，经萎凋、揉捻（切）、发酵、干燥等工艺过程精制而成的。其干茶色泽和冲泡的茶汤以红色为主调，如图6-16所示。

图6-16 红茶

红茶开始创制时称为"乌茶"。红茶在加工过程中发生了以茶多酚酶促氧化为中心的化学反应，鲜叶中的化学成分变化较大，茶多酚减少90%以上，产生了茶黄素、茶红素等新的成分。香气物质从鲜叶中的50多种增至300多种。儿茶素和茶黄素络合成滋味鲜美的络合物，从而形成了红汤、红叶和香甜味醇的品质特征。红茶品种众多，其具体分类见表6-12。

表6-12 红茶的分类

分类标准	工艺流程	类型		特点	代表名茶
加工方法	萎凋→揉切→发酵→干燥。由于经过多道工序精工细做而成，颇花费工夫与时间，因此得名	工夫红茶		条索细紧，色泽乌润；冲泡后汤色、叶底红亮，香气馥郁，滋味甜醇	祁红、滇红、宁红、川红、闽红、越红、湖红
	萎凋→揉捻→发酵→过红锅→干燥。因加工过程的熏烟工序，使其带有松烟香，故而极具特色	小种红茶	正山小种	条索肥壮重实，色泽乌润有光；冲泡后香气高长且带有松烟香，滋味醇厚带有桂圆味，汤色红浓，叶底厚实，呈古铜色	正山小种、金骏眉、银骏眉
			外山小种	条索近似正山小种，身骨稍轻而短，色泽红褐带润；冲泡后带有松烟香，滋味醇和，汤色稍浅，叶底带古铜色	
	萎凋→揉切→发酵→干燥。在揉捻的过程中，边揉边切，将茶条切细成颗粒状	红碎茶	洛托凡红碎茶	条索紧卷呈颗粒状，色泽乌润或棕黑油润；冲泡后香气浓，有较强的刺激性，汤色浓亮，叶底红亮	袋泡茶基本以红碎茶为主，冲泡一次茶汤基本析出
			C.T.C红碎茶	紧实呈粒状，色泽棕黑油润；冲泡后香气浓郁，滋味鲜爽，汤色红艳，叶底红匀	
			L.T.P红碎茶	颗粒紧实匀齐，色泽棕红；冲泡后香气、滋味鲜爽，汤色红亮，叶底红艳、细匀	

3. 黄茶

黄茶的品质特点是"黄叶黄汤"。这种黄色是制茶过程中进行闷堆渥黄的结果。黄茶分为黄芽茶、黄小茶和黄大茶三类。黄茶芽叶细嫩，显毫，香味鲜醇。不同的品种，在茶片选择、加工工艺上有相当大的区别。比如，湖南省岳阳洞庭湖君山的"君山银针"茶，采用的全是肥壮的芽头，制茶工艺精细，分杀青、摊放、初烘、复摊、初包、复烘、再摊放、复包、干燥、分级等10道工序。加工后的"君山银针"茶外表披毛，色泽金黄光亮。

黄茶类名茶主要有君山银针、蒙顶黄芽、北港毛尖、鹿苑毛尖、霍山黄芽、沩江白毛尖、温州黄汤、皖西黄大茶、广东大叶青和海马宫茶。

4. 白茶

白茶，属微发酵茶，是我国茶类中的特殊珍品（见图6-17）。白茶是我国的特产，产于福建省的福鼎、政和、松溪和建阳等地，我国台湾地区也有少量生产。白茶生产已有约200年的历史，最早是由福鼎首创的。该地有一种品种优良的茶树——福鼎大白茶，茶芽叶上披满白茸毛，是制茶的上好原料。

图6-17 白茶

　　白茶因何得名？这是由于人们采摘了细嫩、叶背多白茸毛的芽叶，加工时不炒不揉，晒干或用文火烘干，使白茸毛在茶的外表完整地保留下来。

　　白茶最主要的特点是毫色银白，素有"绿妆素裹"的美感，且芽头肥壮，汤色黄亮，滋味鲜醇，叶底嫩匀。冲泡后品尝，滋味鲜醇可口，还有药理作用。中医药理证明，白茶性清凉，具有退热降火的功效。

5. 青茶

　　青茶色泽青绿、汤色金黄，主要有北乌龙（包括武夷岩茶、水仙、大红袍、肉桂等）、南乌龙（包括铁观音、奇兰、水仙、黄金桂等）、广东乌龙（包括凰单枞、凰水仙、岭头单枞等）和台湾乌龙（包括冻顶乌龙、包种、乌龙等）。

6. 黑茶

　　黑茶汤色暗褐，如图6-18所示。由于原料粗老，黑茶加工制造过程中一般堆积发酵时间较长。因为叶色多呈暗褐色，故称黑茶。此茶主要供一些少数民族饮用，藏族、蒙古族和维吾尔族群众喜好饮黑茶，黑茶是他们日常生活中的必需品。在加工工艺上，黑茶

图6-18　黑茶

也有自己独特之处。黑茶产区广阔，品种花色很多，有湖南加工的黑砖、花砖、茯砖，湖北加工的青砖茶，广西的六堡茶，四川的西路边茶，云南的紧茶、扁茶、方茶和圆茶等。黑茶类名茶主要有湘尖、湖南黑茶、老青茶、四川边茶、六堡散茶、普洱茶、黑砖茶、茯砖茶和康砖子等。

　　我国大部分地区是季风气候，春温、夏热、秋凉、冬寒，四季分明。因此，不同季节喝茶也应做相应调整，一般主张：春饮花茶，夏饮绿茶，秋饮青茶，冬饮红茶。

三、茶叶的质量鉴别

　　到目前为止，世界上鉴别茶叶品质的好坏，主要还是采用感官审评的方法。感官审评就是用人的手、眼、鼻、口等感觉器官对茶叶的外形与内质进行评审，这种评审建立在统一评审工具、评审方法、评审标准和评茶术语的基础上，由训练有素的专业评茶师来进行。

　　先看茶叶外形。外形好坏主要由茶叶的嫩度、形状、色泽和净度来决定。嫩度好的茶叶牙尖多，叶子细小，通常有茸毫；嫩度差的茶叶通常叶子粗大，牙尖小，无茸毫。茶叶根据茶类固有造型来判断，扁形茶必须扁平光滑，直条形茶必须条直细紧，郑曲形茶必须细紧稍郑曲，珠粒形茶必须浑圆紧结，碎片形茶必须碎粒整齐，兰花形茶以翠绿为好，红茶一般为乌润或棕褐色，乌龙茶一般为绿褐色。不论是什么茶，都以色泽光润者为好，灰暗、花杂者为差。茶叶

净度要求整齐一致，无夹杂物，茶末少。

看完外形，然后看内质。首先均匀取样后，用天平称出3克样茶放入茶杯中，用开水壶冲入150毫升沸水，立即加盖放置5分钟，然后沥尽全部茶汤置于审茶杯中。开汤后通常先闻香气，快看汤色，再尝滋味，后评叶底。绿茶也有先看汤色再闻香气的。闻香气时一手拿住审茶杯，另一手半揭开杯盖，靠近杯沿用鼻子嗅，一般进行三次（即热嗅、温嗅和冷嗅），辨别香气的持久程度，每嗅之前先上下摇动一次杯子，使杯中叶子晃动一下，便于香气的透发；看汤色时光线要一致，将不同茶类的汤色特征相比较，看汤色的颜色深浅、明亮和浑浊程度；尝滋味时用茶匙取一匙茶汤置于汤杯中，喝入口腔内，同时用舌头循环打转，迅速辨别出茶汤滋味的纯正度、浓度和鲜爽度。为了评审的正确性，一般在评茶前不宜吸烟，不宜吃过分辛辣酸甜的食品，以保持味觉和嗅觉的灵敏度。评叶底时可以将杯中的叶底倒入叶底盘，也可将叶底倒在翻转的杯盖上。评叶底主要判别叶底的嫩度、色泽、匀度和软硬度，评名优茶时还可将叶底倒入漂盘中，加入清水，使芽叶漂在水中，便于观察芽叶的完整性、色泽和嫩度。

评茶时对各个项目的判别通常用评语和分数表示好坏程度。评茶术语有很多，好坏差别常用副词和形容词加以区分。评分标准按茶类不同外形、内质的各项比例有所差别，名优茶评比时评分可精确至小数点后一位。

本 章 小 结

本章从食品的定义出发，对食品的分类进行了简单的介绍，并详细地介绍了乳和乳制品、饮料、干货、酒类和茶叶。

食品是指各种供人食用或者饮用的成品和原料，以及按照传统既是食品又是药品的物品，但是不包括以治疗为目的的物品。

乳的主要成分包括脂肪、维生素、无机盐、乳糖和蛋白质等，主要种类有炼乳、干酪、奶粉、含乳饮料、酸乳、液态乳、奶油和冰激凌等。

饮料是指以水为基本原料，由不同的配方和制造工艺生产出来，供人们直接饮用的液体食品。饮料一般可分为含酒精饮料和无酒精饮料。无酒精饮料包括碳酸饮料、植物蛋白饮料、含乳饮料、果汁饮料、蔬菜汁饮料、瓶装饮用水、茶饮料和固体饮料。

干货泛指用风干、晾晒等方法去除了水分的调味品、食品。常见的干货有去除了水分的木耳、紫菜、香菇、红枣、桂皮、辣椒、花椒、大茴香、小茴香、胡椒、枸杞、桂圆和花生等。

酒是用高粱、米、麦或葡萄等发酵制成的含乙醇的饮料。食用酒是一种保健饮料，能促进血液循环，通经活络，祛风湿。酒的主要类型有白酒、啤酒、葡萄酒和黄酒。

茶不仅是一种清香的饮料，而且具有重要的药用价值，主要成分有矿物质、微量元素、碳水化合物、氨基酸、生物碱、茶多酚、有机酸和蛋白质等。茶的主要种类有绿茶、红茶、黄茶、黑茶、白茶和青茶。

第七章　日用工业品商品管理

学习导航

　　日用工业品是人们日常生活中不可或缺的一部分，其涉及领域庞杂，关系到人们生活的各个方面，主要包括塑料制品、玻璃制品、陶瓷制品、化妆品、洗涤用品和箱包等，不同日用工业品的质量要求、经营特点、保管条件及使用要求等各方面有很大的不同。目前，我国已经形成完善的日用工业品生产体系。随着我国经济的发展，日用工业品的消费迅速增长，有计划地完善日用工业品生产体系、合理布局日用工业品企业、大力开发日用工业品的新品种和新功能、不断满足人们对日用工业品的花色品种和功能的需求是日用品工业的主要发展方向。

学习目标

　　本章主要通过"情景导入"，结合生活实际介绍有关日用工业品商品管理的知识。通过本章的学习，你应该达成以下学习目标：

知识目标

- 了解日用工业品质量要求。
- 列举常用洗涤用品的种类及质量要求。
- 区分不同的塑料制品及质量要求。
- 列举玻璃制品的种类及质量要求。
- 列举陶瓷制品的种类及质量要求。

能力目标

- 会鉴别各类洗涤用品、塑料制品、玻璃制品及陶瓷制品质量。

素养目标

- 通过对陶瓷知识的了解，增强民族自豪感及不畏艰辛的创新意识。
- 了解各类商品的质量标准，树立品质管理和法治意识，培养诚实守信、精益求精的工匠精神。

第一节　日用工业品概述

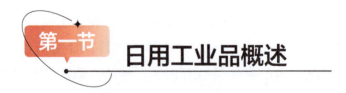

情景导入

　　生活中你接触过如图7-1所示的日用商品吗？除此之外还有什么呢？请举例说明。

图7-1 日用商品

>>> **相关知识**

一、日用工业品的分类

日用工业品是指满足人们日常使用的工业产品，是人们日常生活中不可缺少的一大类商品，其种类繁多，见表7-1。

表7-1 日用工业品的分类

类 别	常 见 物 品
塑料制品	奶瓶、塑料袋、梳子、塑料盆、饮料瓶、电器外壳等
洗涤用品	肥皂、洗衣粉、洗衣液、洗手液、洁厕灵等
化妆品	护手霜、护发素、香水、乳液、唇膏、面霜、洁面乳等
陶瓷制品	陶瓷餐具、陶瓷茶具、陶瓷花瓶等
玻璃制品	玻璃杯、玻璃装饰品、玻璃餐具等
箱包	日用箱、公文箱、包袋类、其他箱包及配件等
玩具	益智类玩具、毛绒及布制玩具、动作玩具等

二、日用工业品的质量要求

1. 适用性

适用性是指满足商品主要用途所必须具备的性能。适用性是构成商品使用价值的基本条件，也是评定日用工业品质量的重要指标之一。

不同用途的日用工业品，其适用性是不同的。对于单一用途的商品，要求它在正常情况下具有符合该种商品品级的最佳使用效果；对于多种用途的商品，则要求多种性能的工作状态。

小例子

日用玻璃盛水器皿应有较强的耐水性；肥皂应具备清洁去污功能；唇膏应具备滋润和保护嘴唇的功效；保温杯应具有保温作用。

2. 耐用性

耐用性是指日用工业品在流通和使用中能够抵抗各种外界因素对其破坏的性能。它反映了商品的使用寿命和耐用程度，是评价日用工业品质量的重要依据之一。

日用瓷器应具有良好的热稳定性。热稳定性是指产品在冷热交换中不出现裂纹或破损。热稳定性的高低可反映陶瓷产品的使用寿命，冷热交换的温差越大，其使用寿命越长。玻璃杯和保温瓶等玻璃制品需具备耐温急变性，将制品放于1~5℃环境中静置5分钟，取出后立即投入沸水中不炸裂为合格品。

3. 安全卫生性

安全卫生性是指商品在使用过程中，具备保护人身安全和人体健康所需要的各种性能。由于人身安全和人体健康越来越受人们的关注，因此这类性能也是对日用工业品质量的一项基本要求。

日用工业品的用途不同，对其安全卫生性的要求也不同，见表7-2。

表7-2　各种日用工业品的安全卫生性要求

类　　别	安全卫生性要求
日用陶瓷制品	规定铅、镉溶出量，表面光洁、釉彩均匀，花饰无脱落
化妆品	不得对人体健康产生危害，施用部位无明显刺激和损伤，且无感染性
玩具	无毒无害且不易损坏，不宜过小，安装牢固
玻璃制品	不得含有可溶于食品中的对人体健康有害的物质，无飞边、裂口及崩损缺口

4. 结构和外观

结构合理性是指日用工业品的形状、大小、部件组配合理程度等性能。日用工业品的结构必须合理，否则会影响商品的适用性和耐用性。

日用陶瓷制品的体形应周正匀称，规格尺寸应符合规定要求。玻璃的结构一般要求美观、周正规则、线条流畅，结构不良不仅影响美观，而且使用不便，还会降低制品的坚固性和耐热性。

5. 外观美观性

日用工业品的外观主要是指其造型、式样、花纹和色彩等方面。日用工业品的外观对于美化和丰富人们的物质生活和精神生活具有特殊意义，如果商品造型、式样不新颖，图案缺乏美感，那么即使商品的其他性能很好，也缺乏对购买者的吸引力，不会受到欢迎。

第二节　日化品

情景导入

日化品（见图7-2）是指人们日常生活中所需的个人洗护清洁、衣物清洁、居家日用、口腔护理、纸巾湿巾、家庭环境清洁等消费品。随着人们消费水平的提高，人们对日化品的品质和安全性要求越来越高。那你知道如何判别它们的质量吗?

图7-2 日化品

 相关知识

一、牙膏

1. 牙膏的种类

使用牙膏刷牙是我们日常口腔保健的主要手段,牙膏由洁净剂、摩擦剂、胶黏剂、芬芳剂与不同的药物组成。下面简单地介绍现在市场上常见的几种牙膏,见表7-3。

表7-3 常见的几种牙膏比较

牙膏的种类	功　能
含氟牙膏	提高牙齿的耐腐蚀能力,抑制致龋细菌的生长繁殖,减少龋齿的发生
中草药牙膏	清热解毒,消炎止血,缓解牙龈炎症
消炎牙膏	消炎抗菌,抑制牙结石和菌斑的形成,改善口腔环境,预防和辅助治疗牙龈出血、牙周病
防过敏牙膏	对牙本质过敏有一定的缓解作用
去垢增白牙膏	去除牙齿表面的着色,使牙齿洁白

2. 牙膏的质量要求

牙膏的质量要求见表7-4。

表7-4 牙膏的质量要求

质量要求	特　征
感官要求	色泽一致;膏体湿润、均匀;香味应"香、甜、清、爽";软管端正,管尾封轧应牢固整齐;软管图案和字迹清楚
理化指标	膏体黏稠度适度,泡沫量适宜,膏体酸碱度适中,膏体配方稳定
卫生指标	每克牙膏中的细菌总数不能超过500个

温馨提示

牙膏的泡沫量要适宜,否则漱口时不易漱净,会残留一些表面活性剂的味道,对口腔有一定的刺激。将牙膏放在-8℃的冰箱内,8小时后取出,再放入50℃恒温培养箱内,8小时后取出,在室温下放置4小时,开盖观察膏体是否正常,从中可以看出膏体配方的合理性、原料的品质和加工工艺的情况。

3. 牙膏质量的鉴别

牙膏质量主要通过"五看"来鉴别,见表7-5。

表7-5　牙膏质量"五看"鉴别

鉴别指标	鉴别特征
看稀稠度	挤牙膏时不费力，膏体不稀湿，成圆状
看色泽	洁白，叶绿素牙膏应呈淡绿色
看有无渗水现象	将少许牙膏放在毛边纸上，用手指均匀摊开，看纸的反面，质量好的牙膏渗水量很少
看有无过硬颗粒	将少许牙膏涂抹在玻璃上，用手指摊均捺压，无过硬颗粒
看管体	软管挺直，无折痕，管尾电焊的齿纹整齐

温馨提示

牙膏色泽如出现黑色，可能是铅质软管内壁的锡层不匀或太薄，挤压时膏体接触了铅层。变黑的牙膏含有铅质，对人体有害，用久了会慢性中毒。

二、肥皂

1. 肥皂的种类

目前市场上的肥皂种类有很多，每种肥皂的功效有所不同，见表7-6。

表7-6　各种肥皂的比较

肥皂类别	功效	用途
洗衣皂	含碱较多，除油脂和污垢作用强	主要用于洗涤衣物，也适用于洗手、洗脸等
香皂	质地细腻、纯净、泡沫丰富、色泽鲜艳，去除机体的异味	主要用于洗手、洗脸、洗澡
透明皂	质地透明、光滑、泡沫丰富	适合洗涤各种织物
过脂皂	较温和，洗涤后使皮肤柔软，防止干裂	适用于小孩、皮肤干燥者、易过敏者和患皮肤病者
药皂	对皮肤有消毒、杀菌、防止体臭等作用	常用于洗手、洗澡等
液体皂	碱性很弱，无刺激性，有泡沫和黏度，也有一定的去污能力	适合洗涤各种织物

2. 肥皂的质量要求

肥皂的质量要求通过质量指标体现，见表7-7。

表7-7　肥皂的质量指标

质量指标		指标特征
外观方面	洗衣皂	硬度适中，不发黏、不分离、不开裂
	香皂	细腻均匀，无裂纹、气泡、斑点、剥离、冒汗等现象
色泽方面	洗衣皂	颜色均匀、洁净
	香皂	色泽均匀、稳定
形状方面	洗衣皂	形状端正，收缩均匀，无歪斜、变形、缺边、缺角等现象
	香皂	可以压成各种形状，无歪斜、变形、缺边、缺角及字迹模糊等现象
气味方面	洗衣皂	无不良气味
	香皂	具有各种天然或合成香料，配成一定类型的持久香味

3. 肥皂的质量鉴别

在选购肥皂时，简单易行的办法就是以眼看、手摸、鼻闻来鉴别它的质量，见表7-8。

表7-8　肥皂的质量鉴别

鉴别方式	鉴别特征
眼看	肥皂呈淡黄色，说明所用油料原料比较纯净，保管中不易酸败，使用时不发黏，泡沫正常，去污能力较好
手摸	用手指捏一下皂体表面，如有指头印迹，即为好肥皂
鼻闻	肥皂有清香味

小知识

肥皂表面有黄褐色斑点，说明肥皂已酸败；皂体发绿，是配方中植物油过多和脱色不良造成的；色泽暗褐，是深色松香应用过多造成的，会影响肥皂的去污能力；色泽发灰且没有光泽，多半是非盐析法的产品或填充料过多造成的，或者是杂质过多的盐析皂。

温馨提示

过软的洗衣皂不经用，易开裂，去污力较差；若肥皂带有油的腥臭味，说明脂料不纯，脱臭工艺差，这种肥皂易酸败，不能久藏，不宜购买。

三、合成洗涤剂

1. 合成洗涤剂的种类

合成洗涤剂中，洗衣粉约占2/3，液体洗涤剂约占1/3，固体合成洗涤用品相对较少，且主要用于工商行业，不作为主要家用洗涤剂。洗涤剂之中比较常用的有洗衣粉、洗衣液和皂粉这三种，见表7-9。

表7-9　合成洗涤剂的种类

种类	特征
洗衣粉	泡沫丰富，手洗、机洗都很方便。但是洗衣粉基本都是偏碱性的，pH值在9～14，会对皮肤造成刺激，也容易损伤衣物纤维
洗衣液	洗衣液的溶水速度快，而且pH值偏中性，在6～8，温和不伤衣
皂粉	成分与肥皂类似，但是它的水质要求低，且柔顺效果比较好，相当于同时使用了柔顺剂

小知识

洗衣凝珠的成分与洗衣液类似，其成分含量大约是洗衣液的3倍以上，同时它还增添了一些新成分，使其在除菌螨、柔顺、护色、留香方面比传统洗衣液更具优势。

温馨提示

针对不同材质的衣服的洗涤剂推荐

丝绸和毛织物的成分天然，因为富含蛋白质所以不耐碱，这类织物宜用中性洗涤剂或丝物专用洗涤剂，忌用含酶洗涤剂。而且由于毛、丝织物材质天然易受损，pH值温和，同时能起到柔顺、蓬松作用的洗衣液是最好的选择。

酵素类洗衣液会对丝绸、尼龙面料造成损伤，不易洗涤，适合洗涤纯棉及含棉量80%的织物。

洗衣粉的去污能力强，价格低，但是对布料的伤害也比较大，所以适用于接触灰尘较多的外套、牛仔裤、床单、沙发罩等衣物（它们主要由棉麻等制作，具有一定的耐碱能力）。

婴儿衣物和内衣内裤等贴身的小件衣物因为与皮肤接触最多，所以使用材质天然且对织物有保护作用的皂粉效果最佳。

2. 合成洗涤剂的质量要求

合成洗涤剂一般通过感官指标分析，见表7-10。

表7-10　合成洗涤剂质量指标

种　类	指　标　特　征
洗衣粉	在外界影响下，无泛红变臭等现象，有较好的流动性、较小的吸潮结块
洗衣液	色泽均匀、无异味、清澈透明、不混浊
皂粉	不结团、色泽均匀、无异味、符合规定香型

第三节　塑料制品

情景导入

塑料是我们生活中常见的物品，它是一种有机合成高分子材料，应用非常广泛。过去的几十年里，塑料给我们生产生活带来巨大便捷的同时，废弃塑料造成的"白色污染"也日益严重。详细了解塑料的组成及分类，不仅能帮助我们科学地使用塑料制品，也有利于塑料的分类回收，并有效控制和减少"白色污染"。

其实为了便于回收，塑料制品有特别的"身份号码"（见图7-3），表示它们的回收分类。你知道这些图形的含义吗？

图7-3　塑料制品回收标识

相关知识

一、塑料的主要种类

塑料的种类繁多，现介绍几种主要的塑料，如图7-4所示。

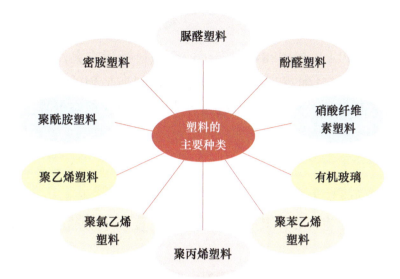

图7-4 塑料的主要种类

这几种主要塑料的性能不同，其用途也不同，见表7-11。

表7-11 塑料的主要种类、性能和用途

	塑料的主要种类	性 能	用 途
1	聚乙烯塑料	质轻、无毒、无味、无臭、不易脆化、化学稳定性强，有一定的透气性	适合制造奶瓶、杯子、水桶、面盆和热水瓶等
2	聚氯乙烯塑料	色泽鲜艳、不易破裂、结构较紧密，耐腐蚀、耐老化，电绝缘性和气密性较好，机械强度高，有较好的阻燃性，耐热性差，耐光性较差	适合制造皂盒、梳子、各种农用桶、雨衣、手提袋和塑料鞋等
3	聚丙烯塑料	塑料中最轻的一种，外观呈乳白色半透明状，无毒无味，有较好的强度、硬度、弹性、耐冲击、耐磨、耐腐蚀、耐热，绝缘性和气密性好，有较好的耐弯曲性能，但耐老化和耐寒性较差	适合制造各种日用容器、家电外壳，尤其适合制造各种绳索等
4	聚苯乙烯塑料	硬度高，质轻、表面光滑，耐水，无毒无味，有较好的化学稳定性和电绝缘性，但脆性大、耐热性差	适合制造各种纽扣、酒杯、玩具、梳子、牙刷柄和学生尺等
5	有机玻璃	质轻、强度好、脆性小、耐候性好、透明度高，但表面硬度低，耐磨性、耐热性差	适合制造眼镜架、发夹、伞柄、纽扣和文具等
6	硝酸纤维素塑料	用天然纤维素为原料，质量轻、弹性好、着色性好，但化学稳定性差、易变色、老化、燃烧	适合制造乒乓球、儿童玩具、发夹和眼镜架等
7	酚醛塑料（又称电木）	有较好的耐热、耐寒性，不易燃烧，表面硬度高，电绝缘性、耐腐蚀性好，不易老化，但色泽较暗、脆性大、吸水性大	适合制造纽扣、铝壶把手、电话机和台灯等
8	脲醛塑料（又称电玉）	色泽鲜艳，表面硬度大、光滑，耐热、耐寒，电绝缘性好，耐油，耐弱碱和有机溶剂，但不耐酸	适合制造各色纽扣、瓶盖、装饰品及日用电器外壳等
9	密胺塑料	色泽多样，外观和手感如瓷器，硬度和耐冲击强度高，耐水、耐热、耐酸碱，但不宜暴晒和重摔	适合制造各种饮食用具、电器的绝缘零件等
10	聚酰胺塑料	白色半透明，无毒、无味，强度高，耐磨性较好，耐油性好，但耐酸性和耐光性较差	适合制造各类球网、拉链及刷子等

二、塑料制品标识

美国塑料工业协会（PIA）在1988年发布了一套塑料标识方案，该协会将三角形的回收标志附于塑料制品上，并用数字1到7和英文缩写来指代塑料所使用的树脂种类。这样一来，塑料品种的识别就变得简单而容易，回收成本得到了大幅度削减。现今世界上的许多国家都采用了这套标识方案。

1. 塑料制品标识标准

（1）塑料包装制品回收标志由图形、塑料代码与对应的缩写代号组成，如图7-5所示。

（2）颜色一般为黑色，也可以用其他醒目的颜色，要求不易褪色或脱落，模塑的颜色可以与制品颜色相同。

（3）制作可以采用模塑、印刷或喷涂等方法，但应不损害塑料包装制品的性能。

（4）每件制品设置的数量一般为一个，如有必要还可增加。

（5）设置的位置一般应位于塑料包装制品的明显处，如袋的正面、箱的四个侧面、瓶（桶）体外侧或底部，如图7-6所示。

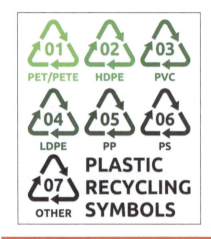

图7-5 塑料包装制品回收标志

图7-6 塑料回收标志的位置

2. 生活中最常见的可回收塑料制品和包装标志

我们日常生活中经常见到的用弯曲箭头组成的三角形标志，就是塑料回收标志，是每个塑料容器的"身份证"，它们的制作材料不同，应用也不同，见表7-12。

表7-12 生活中最常见的可回收塑料制品和包装标志、应用

编 码	塑 料	应 用	应 用 提 示
01	聚酯（PET或PETE）	常用于矿泉水瓶、碳酸饮料瓶等	饮料瓶不可循环使用，不可装热水
02	高密度聚乙烯（HDPE）	常用于白色药瓶、清洁用品、沐浴产品	清洁不彻底，建议不要循环使用
03	高密度聚乙烯（V或PVC）	常用于雨衣、建材、塑料膜、塑料盒等，目前很少用于食品包装	千万不要让它受热

（续）

编 码	塑 料	应 用	应 用 提 示
04	聚氯乙烯（LDPE）	常用于保鲜膜、塑料膜等	食物放入微波炉中，先要取下包裹着的保鲜膜
05	聚丙烯（PP）	常用于豆浆瓶、优酪乳瓶、果汁饮料瓶、微波炉餐盒	只有聚丙烯材质塑料才可放进微波炉。放入微波炉时，把盖子取下
06	聚苯乙烯（PS）	常用于碗装泡面盒、快餐盒	不可用微波炉煮碗装方便面
07	其他塑料（OTHER）	常用于水壶、水杯、奶瓶	使用时加热温度不要超过100℃，不要在阳光下直晒

温馨提示

使用过的饮料瓶、矿泉水瓶不宜反复使用，否则高温水、酸性溶液容易把其内部的有害物质溶出，摄入人体不利于健康。

三、塑料制品的质量要求

塑料制品的质量要求主要从外观质量、内在质量和卫生安全性三个方面来进行分析，见表7-13。

表7-13　塑料制品的质量要求

质 量 要 求	质 量 特 征
外观质量	外形不应有翘曲缺角，尺寸要符合一定的偏差规定；制品的部件尺寸要相互配合得当、厚薄均匀；色泽鲜明，色调均匀
内在质量	适用性和耐用性
卫生安全性	塑料制品必须无毒、无味等

小知识

塑料制品的表面缺陷和可能产生的外观疵点主要有裂印、水泡、杂质点、拉毛、起雾、肿胀、小孔和麻点等。

四、塑料制品的鉴别

常用的塑料制品鉴别方法主要有外观鉴别法和燃烧鉴别法等。

1. 外观鉴别法

外观鉴别法主要是通过塑料的外观特征，如色泽、透明度、光滑度、手感和表面硬度等来判断和区分塑料的种类，见表7-14。

表7-14 塑料的外观特征

塑料名称	看	听	摸
聚乙烯	乳白色半透明	敲击时声音轻	手摸时有石蜡般的滑腻感，质地柔软，能弯曲
聚丙烯	乳白色半透明	敲击时声音轻	手摸时有润滑感，但无滑腻感，质地硬挺，有韧性
聚氯乙烯	色泽较鲜艳，薄膜透明度较高	敲击时声音发闷	硬制品坚硬平滑
聚苯乙烯	色彩鲜艳，透明度较高	敲击时声音清脆如金属声	表面较硬，有光泽
酚醛塑料	为黑色、棕色的不透明体	敲击有木板声	表面较硬、质脆易碎，断面结构松散
脲醛塑料	多为浅色半透明体	敲击时声音响亮	表面较硬、质脆易碎
密胺塑料	表面坚韧结实，断面结构紧密	敲击时声音沉闷	手感似瓷器

2. 燃烧鉴别法

不同的塑料燃烧时会产生不同的化学反应，表现出不同的反应状态。根据塑料燃烧时所产生的现象特征，可以鉴别塑料的种类。各种常见塑料燃烧时的现象特征见表7-15。

表7-15 各种常见塑料燃烧时的现象特征

塑料名称	燃烧难易	离火后情况	气味	火焰特点	燃烧时变化状态
聚乙烯	易燃	继续燃烧	类似烧蜡烛的气味	上端黄色，下端蓝色	熔融，滴落
聚氯乙烯	难燃	离火即灭	刺激性酸味	尖部黄色，底部绿色，有白烟	软化
聚丙烯	易燃	继续燃烧	石油味	上端黄色，底部蓝色，有少量黑烟	熔融、滴落、膨胀
聚苯乙烯	易燃	继续燃烧	特殊臭味	橙黄色，浓黑烟	软化、起泡
有机玻璃	易燃	继续燃烧	水果香味	浅蓝色，顶部白色	融化、起泡
硝酸纤维素	极易燃	继续燃烧	无味	黄色	迅速完全燃烧
酚醛塑料	难燃	熄灭	苯酚臭味	黄色	颜色变深，有裂纹
脲醛塑料	难燃	熄灭	甲醛刺激性气味	黄色，顶端蓝色	燃烧处变白、开裂
密胺塑料	难燃	熄灭	甲醛刺激性气味	浅黄色	膨胀，有裂纹，燃烧处变白

第四节 玻璃制品

情景导入

玻璃制品是以玻璃为主要原料加工制成的生活用品、工业用品的统称，广泛用于建筑、日用、医疗、化学、家居、电子、仪表、核工程等领域。日用玻璃制品是现代工业发展的重要组成部分，涵盖了家居、餐饮、医疗、化妆品、饮料等众多领域（见图7-7）。随着人们日益重视健康环保，便于清洗、安全卫生、不易受到污染的玻璃制品逐渐成为人们青睐的消费品之一。

图7-7 玻璃制品

相关知识

一、玻璃制品的种类

玻璃制品的种类繁多，下面主要研究日用玻璃制品的种类。

1. 按玻璃的用途分类

按玻璃的用途，日用玻璃制品可以分为玻璃器皿（见图7-8a）、玻璃装饰品（见图7-8b）和玻璃炊具（见图7-8c）等。

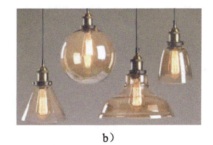

a)   b)   c)

图7-8 各种用途的玻璃制品

a）玻璃器皿   b）玻璃装饰品   c）玻璃炊具

2. 按玻璃的加工成型方法分类

按玻璃的加工成型方法，日用玻璃制品可以分为吹玻璃制品（见图7-9a）、拉玻璃制品（见图7-9b）和压玻璃制品（见图7-9c）等。

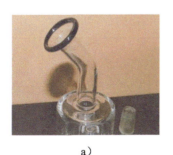

a)   b)   c)

图7-9 各种加工形式的玻璃制品

a）吹玻璃制品   b）拉玻璃制品   c）压玻璃制品

3. 按玻璃的装饰方法分类

按玻璃的装饰方法，日用玻璃制品可以分为贴花制品（见图7-10a）、磨刻制品（见图7-10b）

和打砂制品（见图7-10c）等。

a）　　　　　　　　　　　b）　　　　　　　　　　　c）

图7-10　各种装饰玻璃

a）贴花制品　b）磨刻制品　c）打砂制品

二、日用玻璃制品的质量要求

日用玻璃制品质量的基本要求主要有：具有正确的规格和形状、必要的坚固性和耐热性、外观美观、图案清晰、卫生安全等。

1. 规格

日用玻璃制品的规格通常是从尺寸、重量和容量等方面来要求的，不同的种类有不同的要求。

2. 结构

结构是指日用玻璃制品的形状、厚度以及主件和附件的配合情况。玻璃结构不良不仅影响美观，而且会对使用造成不便，降低制品的坚固性和耐热性。一般要求日用玻璃制品美观大方、周正规则、线条流畅等。

3. 色泽

不同颜色的玻璃，色泽也不一样，见表7-16。

表7-16　不同颜色的玻璃色泽比较

玻 璃 类 型	色 泽
无色玻璃	透明、洁净而富有光泽
有色玻璃	色泽鲜艳、赏心悦目、深浅均匀
带有彩色图案和花样的玻璃	花纹清晰、形象逼真、色彩调和

4. 耐温急变性

耐温急变性是决定玻璃杯和保温瓶等玻璃制品质量的重要指标之一。将制品放于1～5℃环境中静置5分钟，取出后立即投入沸水中而不炸裂则为合格品。

5. 耐水性

日用玻璃制品，特别是盛水器皿应有较强的耐水性，否则在使用过程中容易失去光泽，也会由于易溶物的溶出而对人体健康造成伤害。

6. 外观疵点

外观疵点是目前鉴别玻璃制品质量的主要依据之一。较常见的外观疵点类型比较，见表7-17。

表7-17　玻璃外观疵点类型的比较

外观疵点类型	特　征	危　害
砂粒	玻璃体内所存在的透明或不透明粒状物质	影响玻璃制品的美观，降低玻璃制品的耐温急变性
斑纹	完全不熔于玻璃，呈波浪状、山形状或滴形状等，有无色、黄色和绿色等多种颜色	严重影响玻璃制品的美观，并且会形成玻璃成分和厚度的不一致，降低玻璃制品的耐温急变性
气泡	玻璃体内的气泡包含物	影响美观，降低玻璃制品的耐温急变性和坚固性
装饰疵点	图案不准确、色彩不调和、研磨不平整、图色不牢靠等	影响玻璃制品的美观

7. 卫生安全性

卫生安全性主要是对玻璃饮食用具的要求，规定不得含有可溶于食品中的对人体健康有害的物质。

第五节　陶瓷制品

情景导入

中国是世界上最早生产瓷器（见图7-11）的国家，是瓷器的故乡，在东汉晚期就已经能烧出成熟的青瓷。瓷器的发明和发展，不仅丰富了中国人的物质生活和精神文化，也促进了中国和世界的交流和互动。早在唐宋时期，瓷器就开始通过陆路和海路被出口到亚洲、欧洲、非洲等地区，成为中国对外贸易的重要组成部分。同时，瓷器也作为一种文化符号和艺术载体，传播了中国的历史、哲学、宗教、文学、绘画等方面的知识和思想，影响了世界各地的审美观念和生活方式。那么你知道如何挑选被誉为"东方之珍"的瓷器吗？

图7-11　中国瓷器

相关知识

一、陶瓷制品概述

日用陶瓷以其美观深受广大消费者的喜爱，其装饰优美、造型多样、手感温润，尤其是陶瓷餐具，具有易清洗、耐酸碱，便于高温消毒及蒸、煮、烧、烤食品等许多优点，是消费者所必需的生活用品。

陶瓷是由黏土及长石、石英等天然原料经混合、成型、干燥、烧制而成的耐水、耐火、坚硬的材料和制品的总称。它包括陶器、瓷器、炻器等。我国的陶瓷文化源远流长，陶瓷的种类也名目繁多，主要有以下几种分类。

1. 按瓷种分类

按瓷种，陶瓷可以分为紫砂陶器、精陶、骨灰瓷、长石质瓷和滑石瓷等。各种陶瓷特征见表7-18。

表7-18　按瓷种分类的各种陶瓷特征

陶瓷类别	特　征
紫砂陶器	由紫色泥、绿色泥、黄色泥等特殊陶土制成的无釉陶器，产品呈赤褐、淡黄、绿、紫、黑等色。紫砂泥具有质地细腻、可塑性强、结合力高、缩性小（约<2%）、变形小的优点
精陶	精陶做工精致，造型规整，胎体较薄，釉面晶莹润泽，装饰花纹雅致。其坯胎结构、性质与粗陶大致相同，气孔率大，吸水率在10%～15%
骨灰瓷	骨灰瓷介于硬质瓷和软质瓷之间，偏软质瓷。造型圆润，坯胎晶莹透亮，适宜制作茶具、咖啡具等高档日用细瓷和工艺美术陈设瓷
长石质瓷	长石质瓷是目前国内外日用瓷所普遍采用的瓷器，它是由长石、石英、高岭土等原料按一定比例配方制作而成的，其中长石起熔剂作用。烧成温度一般为1250～1350℃
滑石瓷	瓷中加入滑石可提高透明度、白度和致密度。因此，日用滑石瓷在白度、色调、吸水率（0.5%）、机械强度、热稳定性等方面均已达到或超过一般日用细瓷水平

2. 按花面装饰方式分类

按花面装饰方式，陶瓷可分为釉上彩陶瓷、釉中彩陶瓷、釉下彩陶瓷、色釉瓷及一些未加彩的白瓷等。各种陶瓷特征见表7-19。

表7-19　按花面装饰方式分类的各种陶瓷特征

陶瓷类别	特　征
釉上彩陶瓷	用釉上陶瓷颜料制成的花纸贴在釉面上或直接以颜料绘于产品表面，再经700～850℃烤烧而成的产品。因烤烧温度没有达到釉层的熔融温度，所以花面不能沉入釉中，只能紧贴于釉层表面。如果用手触摸，制品表面有凹凸感，肉眼可观察到高低不平
釉中彩陶瓷	彩烧温度比釉上彩高，达到了制品釉料的熔融温度，陶瓷颜料在釉料熔融时沉入釉中，冷却后被釉层覆盖。用手触摸制品表面平滑如玻璃，无明显的凹凸感
釉下彩陶瓷	我国一种传统的装饰方法，制品的全部彩饰都在瓷坯上进行，经施釉后高温一次烧成，这种制品和釉中彩一样，釉面被釉层覆盖，表面光亮、平整，无高低不平的感觉
色釉瓷	在陶瓷釉料中加入一种高温色剂，使烧成后的制品釉面呈现出某种特定的颜色，如黄色、蓝色和豆青色等
白瓷	未经任何彩饰的陶瓷

小知识

釉中彩陶瓷、釉下彩陶瓷和绝大部分色釉瓷、白瓷的铅、镉含量是很低的，而釉上彩陶瓷如果在陶瓷花纸加工时使用了劣质颜料，在花面设计上对铅、镉含量高的颜料用量过大，或烤烧时温度、通风条件不够，则很容易引起铅、镉溶出量的超标。

二、日用陶瓷制品的质量要求

日用陶瓷制品的质量要求见表7-20。

表7-20　日用陶瓷制品的质量要求

质量要求	质量特征
外观质量	敲击时没有破碎的锣声；体型周正匀称，规格尺寸、公差等符合规定要求；带釉制品的釉面光润平滑，无沾渣、炸裂和磕碰等缺陷，并且色彩均匀、协调
卫生指标	铅溶出量不超过7.0毫克/升，镉溶出量不超过0.5毫克/升
热稳定性	热稳定性的好坏反映陶瓷产品的使用寿命，冷热交换的温差越大，其使用寿命越长。加热至180℃，然后投入20℃水中，取出观察其是否有裂纹或破损，若此温度下不出现损坏，其使用寿命一般可达3年以上

小知识

陶瓷中铅、镉的存在是由于产品表面装饰图案颜料里含有其成分，铅的存在还有可能是为降低产品表层釉的烧成温度而加入的。若生产工艺控制不当，极易造成在使用过程中铅、镉的过量溶出，经常使用这类产品易引起铅、镉重金属中毒。

铅、镉是一种严重危害人类健康的重金属元素。铅中毒可影响婴幼儿的生长和智力发育，损伤认知功能、学习记忆等脑功能，严重者可能痴呆；镉中毒可致呼吸道疾病。

三、日用陶瓷制品的质量鉴别和选购

1. 日用陶瓷制品的质量鉴别

日用陶瓷制品的质量主要通过"看外观、听声音"来鉴别，见表7-21。

表7-21　日用陶瓷制品的质量鉴别

鉴别方法	鉴别特征
看外观	陶瓷周正、平稳；陶瓷无黑色斑点；瓷面无拉釉或干裂现象；装饰花面美观大方；彩瓷产品平滑，有玻璃光泽
听声音	拇指弹一下瓷器，声音清脆、纯正，说明瓷器无裂纹、瓷质密度均匀

小知识

看陶瓷是否周正、平稳的几种方法：单个的盘碗可反扣在柜台上，看是否平稳；也可托起，用眼睛瞄盘碗的口沿，看口沿是否在同一水平线上。如果碗和盘较多，可把碗或盘叠放在一起，每件瓷器之间的距离相等，即说明碗盘周正。

2. 日用陶瓷制品的选购

（1）对用于微波炉、烤箱和洗碗机的产品，应选购标明"微波炉适用""烤箱适用"或"洗碗机适用"字样的产品。

（2）对使用频率较高的产品宜选用边缘较厚带圆弧状加强边的产品，因为这类产品在洗涤过程中不易损坏。

（3）盛装酸性食物的器皿，应尽量选用表面装饰图案较少的产品。

（4）选购时应注意图案颜色是否光亮。若不光亮，可能是烤花时温度未达到要求，此类产品的铅、镉溶出量往往较高。

（5）标明用于装饰的产品，不能用于盛装食物，此类产品的铅、镉溶出量不受标准量限制。

（6）特别注意那些用手即可擦去图案的产品，这种产品往往铅、镉溶出量极高。

知识拓展

习近平总书记在视察江西时提出了"要建好景德镇国家陶瓷文化传承创新试验区"的重要指示，为陶瓷文化产业创新勾勒发展蓝图。2017年1月，中共中央办公厅、国务院办公厅印发了《关于实施中华优秀传统文化传承发展工程的意见》，对建设社会主义文化强国，增强国家文化软实力，实现中华民族伟大复兴的中国梦具有重要意义。

本章小结

本章从认识日用工业品的种类和质量要求出发，分别阐述了日化品、塑料制品、玻璃制品、陶瓷制品的知识内容。

在日化品部分，先简要介绍了市场上常见牙膏的种类，通过感官要求、理化指标、卫生指标说明牙膏的质量要求，通过"五看"法来鉴别牙膏的质量；然后介绍了常见肥皂的种类，肥皂的质量要求通过外观、色泽、形状、气味四个方面来体现，通过眼看、手摸、鼻闻简单易行的方法来鉴别肥皂的质量；最后介绍了合成洗涤剂的种类及其质量要求。

塑料制品的种类繁多，介绍了塑料制品标识；通过塑料制品的外观质量、内在质量和卫生安全性三个方面来阐述塑料制品的质量要求；运用外观鉴别法、燃烧鉴别法判别塑料制品的种类及质量。

玻璃制品的种类繁多，主要概括介绍了日用玻璃制品的种类；日用玻璃制品的质量要求主要有：具有正确的规格和形状、具有必要的坚固性和耐热性、外观美观、图案清晰、卫生安全等。

陶瓷制品的种类繁多，主要概括介绍了日用陶瓷的分类；通过陶瓷制品的外观质量、卫生指标和热稳定性来达到其质量要求；通过"看外观、听声音"来鉴别陶瓷制品的质量。

第八章 纺织品商品管理

　　纺织品是人们日常生活的必需品。随着国民经济的持续发展、人民生活水平的提高、健康意识和消费意识的日益成熟，消费者对家纺产品的消费观念发生了变化。消费者对纺织品的要求不再局限于耐穿、耐用上，而是要求其服用性好、艺术性高、工艺性精、耐用性强。我国是纺织品生产和出口大国，拥有世界上最完整的产业链、最高的加工配套水平、众多发达的产业集群地，我国企业具备生产适合消费者需求质量、突出消费者气质的纺织品的能力，但仍要不断增强应对市场风险的自我调节能力，以激发出消费者巨大的消费潜能，赢得市场。

学习目标

　　本章主要通过"情景导入"，从现实生活入手，激发学生的学习兴趣，介绍有关纺织品管理的知识。通过本章的学习，你应该达成以下学习目标:

📖 **知识目标**

- 陈述纺织品的定义。
- 说出各种纺织纤维的特点。
- 了解商标的基础知识。

◎ **能力目标**

- 能运用纺织纤维的鉴别方法进行产品质量检验。

📋 **素养目标**

- 增强质量监管意识，了解国家标准《纺织品　基于消费者体验的通用技术要求》（GB/T 40270—2021），提升消费体验舒适度和满意度。

第一节　纺织品概述

情景导入

　　你买过衣服、毛巾和床上用品（见图8-1）吗？面对琳琅满目的商品，你是不是手足无措了？纺织工业只有实现从"造得出"到"造得精"，再到"造得好"的升级，真正实现精准制造、绿色制造、智能制造，才能满足人们对纺织品面料的舒适性和多样化要求。

图8-1 纺织品

 相关知识

一、纺织品概述

1. 纺织品的概念

纺织品是指纺织纤维经过加工织造而成的产品。我国是世界上最早生产纺织品的国家之一，早在夏商时期就已经诞生了用"麻"和"丝绸"这两种服装材料制作的日常服饰。

 小知识

纤维是天然或人工合成的细丝状物质，纺织纤维则是指用来纺织布的纤维。

2. 纺织纤维的特点

纺织纤维具有一定的长度、细度、弹性、强力等良好物理性能，还具有较好的化学稳定性。例如，棉花、毛、丝、麻等天然纤维是理想的纺织纤维。

3. 纺织纤维的分类

纺织纤维的分类如图8-2所示。

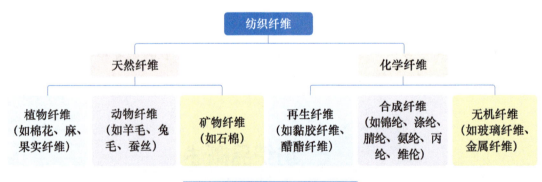

图8-2 纺织纤维的分类

二、纺织品的分类

纺织品分类的方法最常用的主要有以下3种，如图8-3所示。

图8-3 纺织品分类的方法

1. 按商品的用途分类

纺织品按商品的用途可分为衣着用纺织品、装饰用纺织品和工业用纺织品三大类，见表8-1。

表8-1 纺织品按商品的用途分类

按商品的用途分类			商 品 举 例
衣着用纺织品	纺织面料		服装
	纺织辅料		缝纫线、松紧带、领衬、里衬
	针织品		成衣、手套、袜子
装饰用纺织品	室内用品	家居布	地毯、沙发套、椅垫、壁毯、贴布、窗帘、毛巾、茶巾、台布、手帕
		餐厅、浴室用品	
	床上用品		床罩、床单、被面、被套、毛毯、毛巾被、枕芯、被芯、枕套
	户外用品		人造草坪
工业用纺织品	品种繁多		篷盖布、枪炮衣、过滤布、筛网、路基布

小知识

家纺即家用纺织品，又叫装饰用纺织品，在居室装饰配套中被称为"软装饰"。装饰用纺织品在品种结构、织纹图案和配色等各方面较其他纺织品有更突出的特点，也可以说是一种工艺美术品。

2. 按商品的生产方式分类

纺织品按商品的生产方式分为线类、带类、绳类、机织物、针织物和纺织布六类，见表8-2。

表8-2 纺织品按商品的生产方式分类

按商品的生产方式分类	定 义
线类	纺织纤维经纺纱加工而成纱，两根以上的纱捻合成线
带类	窄幅或管状织物
绳类	多股线捻合而成绳
机织物	采用经纬相交织造的织物
针织物	由纱线成圈相互串套而成的织物和直接成型的衣着用品
纺织布	不经传统纺织工艺，而由纤维铺网加工处理而形成的薄片纺织品

3. 按商品的原材料分类

纺织品按商品的原材料分为棉织物、毛织物、丝织物、麻织物和化纤织物五类。

第二节　天然纤维纺织品

情景导入

　　去过美丽乡村的你一定见过如图8-4所示的产品，然而你在商场、超市见到它们的身影了吗？它们给我们带来了丰富多彩、健康的生活，你知道它们背后的故事吗？由鄂尔多斯集团主导制定的《纺织品　分梳山羊绒品质标识规范》（ISO 5162:2023）由国际标准化组织（ISO）正式发布实施。它为中国山羊绒赢得了国际话语权，为保护我国山羊绒优势资源并促进其合理利用、提升我国山羊绒行业在全球山羊绒市场上的核心竞争力、维护山羊绒及其制品作为高品质纤维的良好形象、推动和促进全球山羊绒行业的均衡发展提供了重要的参考依据和强有力的技术支撑。

图8-4　天然纤维纺织品

相关知识

　　天然纤维是指自然界原有的或从人工培植的植物上、人工饲养的动物上直接取得的纺织纤维，是纺织工业的重要材料来源之一。天然纤维的种类很多，大量用于纺织的天然纤维主要有3种，如图8-5所示。

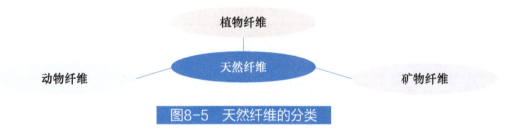

图8-5　天然纤维的分类

1. 植物纤维

　　植物纤维的主要组成物质是纤维素，又称为天然纤维素纤维，是从植物的种子、果实、茎、叶等处获得的纤维。大量用于纺织的植物纤维主要有棉、麻等。

　　（1）棉纤维。棉纤维是我国纺织工业的主要原料，在纺织纤维中占有很重要的地位。棉纤维的品种、特点见表8-3。

表8-3 棉纤维的品种、特点

棉 纤 维	特 点	种 植 地	占总产量的比重
细绒棉（又称陆地棉）	长度为25～35毫米，细度为18～20毫米，色泽乳白或淡棕，富有丝光，品质优良	中国大多数地区	85%以上
长绒棉（又称海岛棉）	长度在33毫米以上，细度为15～16毫米，色泽洁白或乳白，有丝光	新疆	约10%

（2）麻纤维。麻纤维是指从各种麻类植物中取得的纤维，包括一年生或多年生草本双子叶植物皮层的韧皮纤维和单子叶植物的叶纤维。麻纤维大多数用于制作绳索、渔网、麻袋、地毯等，如剑麻、黄麻；少数纤维可作为纺织纤维，用于制作衣服、装饰织物等，如苎麻、亚麻。麻纤维的品种、特点见表8-4。

表8-4 麻纤维的品种、特点

麻 纤 维	特 点	种 植 地
剑麻	轻便，质地坚韧，耐磨、耐盐碱、耐腐蚀，广泛用在运输、渔业、石油、冶金等各行业	墨西哥、巴西、坦桑尼亚，以及中国山西、陕西、四川、湖南、广东、海南等省
黄麻	纤维长、软且有金黄色和丝质光泽，吸湿性能好，散水快	孟加拉国、印度，中国广东、浙江、台湾等省
苎麻	纤维最长达250毫米，强度最大，刚性大，弹性差，伸长小，易起皱，吸湿散湿快，透气，凉爽	中国
亚麻	强度、刚性、吸湿散湿稍次于苎麻，织物挺直，弹性差，皱后不易恢复	俄罗斯、波兰、法国，中国黑龙江、吉林等省

小知识

韧皮纤维又称茎纤维，主要有苎麻、亚麻、黄麻等；叶纤维主要有剑麻、蕉麻等。苎麻是中国特产，在国际上被称为"中国草"，在我国有约4700年的历史。

"成绩"一词的由来和苎麻有关，绩麻是一个很漫长且需要耐力的过程，需要花很长时间才能成功绩到麻，所以"成绩"就衍生出来了，代表长时间地工作学习而得到的结果。

（3）棉、麻纤维的特点比较见表8-5。

表8-5 棉、麻纤维的特点比较

植 物 纤 维	特 点
棉纤维	弹性差、强度低、有丝光、吸湿性较好、保温性好、绝缘性好、耐碱性较强、耐无机酸弱、染色性好
麻纤维	弹性差、强度高、吸湿性好、绝缘性好、耐热、耐酸、不耐碱、染色性差

2. 动物纤维

动物纤维的主要组成物质是蛋白质，又称为天然蛋白质纤维，是动物的毛发（如绵羊毛、山羊绒、骆驼毛、兔毛和牦牛毛等）和腺分泌物（如桑蚕丝、柞蚕丝等）等，其特征见表8-6。

表8-6　动物纤维的特征

动 物 纤 维		特　　　征
动物毛发	绵羊毛	弹性好，吸湿性强，保暖性好，不易沾污，光泽柔和
	山羊绒	质地轻盈，保暖性好，柔软，纤细，滑糯，轻薄，富有弹性，有天然柔和的色泽，吸湿性好，耐磨性好
	骆驼毛	颜色较浅，光泽弱，手感滑柔，富有弹性，强度好，保暖性好，耐磨性好
	兔毛	密度小，保暖性好，富有弹性，吸湿性强，柔软，保暖，美观，抱合力差，强力较低，易落毛
	牦牛毛	可与山羊绒媲美，保暖性好，多为黑色和黑褐色
腺分泌物	桑蚕丝	光滑柔软，富有象牙光泽，有冬暖夏凉的感觉，摩擦时有独特的"丝鸣"现象，有很好的延伸性，耐热性较好，不耐盐水侵蚀，不宜用含氯漂白剂或洗涤剂处理
	柞蚕丝	比桑蚕丝粗，没有桑蚕丝白，其他性能同桑蚕丝

小知识

　　在纺织工业中，由于绵羊毛用量最大，所以"羊毛"便成了绵羊毛的简称。山羊绒是山羊身上的短绒毛，属于独特稀有的动物纤维，是珍贵、高档的纺织原料，在国外有"纤维钻石""软黄金"之称。蚕丝品性优良，外观优雅，被称为纤维"皇后"。

3. 矿物纤维

　　矿物纤维的主要成分是无机物，又称为天然无机纤维，如石棉纤维。

　　石棉纤维耐热、不燃、耐水、耐酸、耐化学腐蚀，质地柔软，机械强度高，可纺织成各种规格的石棉纱，而后捻线、搓绳、织布、织带，再制成各种制品。但是石棉纤维的表面平直光滑，不易纺成纱，因此需要掺和一定数量的植物纤维（如棉花等）混合纺织。

第三节　化学纤维纺织品

情景导入

　　当你购买如图8-6所示的纺织品时，你考虑的是它的价格、质量还是款式？你是否同时在意它的面料或者舒适度呢？从消费者的期望值来看，具有吸湿、排汗、温控、除异味、耐磨、防水、可持续性等功能且舒适的纺织品更易吸引消费者。

　　中国是世界上第一纺织大国。除去棉花、山羊绒、化学纤维的生产使用外，还要充分利用废弃资源、开发可再生资源，这是发展纺织纤维原料的重中之重。我国自主研发的大豆蛋白纤维原料来自自然界的大豆，所使用的辅料、助剂均无毒，且大部分助剂和半成品纤维均可回收，提取蛋白后留下的残渣还可作为饲料，它被誉为"21世纪最环保纤维"。其有着羊绒般的柔软手感，蚕丝般的柔和光泽，棉的保暖性和良好的亲肤性，还有抑菌功能，被称为"新世纪的健康舒适纤维"。

图8-6 纺织品

相关知识

尽管人类利用天然纤维的历史悠久，其制成品也更适合消费者的皮肤，但由于天然资源的有限性和制造成本偏高，人们开始利用价格更便宜、来源更丰富的原料纺纱织布，它们便是化学纤维。

化学纤维是指以天然的或人工合成的高分子化合物为原料，经化学纺丝而制成的纤维。化学纤维在某些品性上接近甚至优于天然纤维，但其综合性能不如天然纤维。其优缺点见表8-7。

表8-7 化学纤维的优缺点

优 点	缺 点
强度高，耐磨，密度小，弹性好，不发霉，不怕虫蛀，易洗快干	耐热性、透气性、吸水性差，易产生静电，遇热变形

一、化学纤维的分类

根据来源不同，化学纤维可分为再生纤维、合成纤维和无机纤维，如图8-7所示。

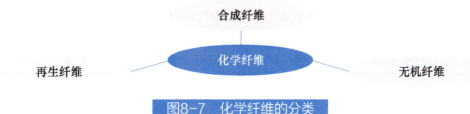

图8-7 化学纤维的分类

1. 再生纤维

再生纤维又称人造纤维，是指以纤维素、蛋白质等天然高分子物质为原料，经化学加工、纺丝处理而制得的纺织纤维。它是最早出现的化学纤维，也是化学纤维中生产最多的品种。再生纤维的分类见表8-8。

表8-8 再生纤维的分类

再 生 纤 维	举 例
再生纤维素纤维	黏胶纤维、天丝纤维、铜氨纤维、醋酸纤维等
再生蛋白质纤维	大豆纤维、花生纤维、牛奶纤维、酪素纤维等
特种有机化合物纤维	甲壳素纤维、海藻胶纤维等

2. 合成纤维

合成纤维是指以石油、天然气等高分子化合物为原料，提取出低分子化合物，再合成为仿丝、仿毛、仿棉的高分子纤维。合成纤维的分类见表8-9。

表8-9　合成纤维的分类

合成纤维	举　例
聚酯纤维	涤纶
聚酰胺纤维	锦纶
聚烯烃类纤维	腈纶、丙纶
含氟纤维	氟纶
聚氨酯纤维	氨纶

3. 无机纤维

无机纤维是指以矿物质为原料制成的纤维，如玻璃纤维、金属纤维、陶瓷纤维和碳纤维等。

二、化学纤维的特点

1. 再生纤维的特点

再生纤维的特点，见表8-10。

表8-10　再生纤维的特点

再生纤维	特　点
黏胶纤维	耐热性、吸湿性、染色性好，伸长变形，耐皱性差，密度较大，耐碱，不耐酸，对光的稳定性低于棉花
醋酸纤维	有光泽，染色鲜艳、牢固，柔软滑爽，质地轻，回潮率低，弹性好，不易起皱，悬垂性、热塑性好，吸湿性差，易洗快干
大豆纤维	轻便舒适，吸湿性好，有蚕丝的光泽，具有棉花的吸湿透气性，具有羊绒的手感和羊毛的保暖性

小例子

　　大豆纤维与其他纺织原料结合，可获得意想不到的效果。大豆纤维与棉花结合，可增加滑爽感、悬垂度；与羊毛和麻结合，能减少刺痒感；与羊绒结合，可增加保暖性，并降低成本；与丝绸结合，可防皱，不沾身；与不同的化纤结合，可织出不同风格的面料。

　　大豆纤维的原料丰富且可再生，不会对资源造成掠夺性开发；其生产过程对环境、空气、土壤、人体、水质等无污染。

2. 合成纤维的特点

合成纤维的特点，见表8-11。

表8-11 合成纤维的特点

合成纤维	特 点
涤纶	刚性好，强度高，挺括不皱，耐磨，耐热性好，不缩水，易洗快干，保形性能好，吸湿性差，易产生静电
锦纶	耐磨性好，耐用性极好，耐蛀，耐腐蚀性好，弹性好，轻便，耐热性、耐光性、吸湿性、通风透气性差，易产生静电
腈纶	保暖性、耐热性、耐光性、染色性好，蓬松、柔软、弹性好，有皮毛感，强度大于羊毛，吸湿性差，易产生静电，耐磨性差，易起毛、起球
丙纶	强度高，耐磨性好，不起球，耐酸又耐碱，弹性好，抗皱性较好，吸湿性很小，耐光性差，热稳定性差，不耐日晒，不耐熨烫，易老化，易产生静电，染色性差
氨纶	耐热性、耐光性好，化学性能稳定，比重小，染色性能好，吸湿性差，强度低

小知识

涤纶是合成纤维中产量最大的纤维。锦纶是世界上最早的合成纤维品种。涤纶、锦纶、腈纶并称为三大合成纤维。丙纶是目前纺织纤维中密度最低的一种，放在水中可以漂浮起来。氨纶是弹性最高的一种纤维材料。没有染色的维纶洁白如雪，柔软如棉，有"合成棉花"之称。

3. 无机纤维的特点

无机纤维的特点，见表8-12。

表8-12 无机纤维的特点

无机纤维	特 点
玻璃纤维	耐高温，抗腐蚀，强度高，比重小，吸湿性小，延伸性差，绝缘性好，脆性大，不耐磨，不耐折
金属纤维	柔软透气，耐洗，舒适，具有抗静电、抑菌、活血性能等
陶瓷纤维	耐高温，导热系数低，抗热震，低热容，具有优良的高温绝缘性能，使用寿命长，具有抗熔触铝、锌等有色金属侵蚀能力，具有良好的低温和高温强度，无毒、无害，对环境无不良影响
碳纤维	优良的高温绝缘性能，使用寿命长，具有良好的低温和高温强度，热膨胀系数小，耐腐蚀性好，纤维的密度低，X射线透过性好，耐冲击性较差，容易损伤

知识拓展

为贯彻落实《中华人民共和国国民经济和社会发展第十四个五年规划和2035年远景目标纲要》《"十四五"制造业高质量发展规划》有关要求，推动产业用纺织品行业高质量发展，重点之一就是发展环境友好产品，即：提高天然纤维、再生纤维素纤维、木浆、聚乳酸、低（无）挥发性有机物含量胶黏剂的应用比例；推广可降解一次性卫生用品和可重复使用产品；开展可生物降解非织造布及制品认证工作，加强环境友好产品推广。

第四节 **纺织纤维的鉴别**

情景导入

小李的皮肤非常敏感。有一次他换了一条新床单，起床后发现身上起了很多红色的小点，而且奇痒无比。小李非常奇怪，因为在买床单的时候，他反复挑选，就是要买一条棉质的床单。

温馨提示

纺织品的舒适性表现为触觉舒适性、热湿舒适性和运动舒适性。

触觉舒适性主要反映在纺织品和皮肤接触时的粗糙感、瘙痒感、温暖感或阴凉感等触觉感受上。试验表明，化纤纺丝过程中纤维黏结的硬头或珠子丝等疵点将会产生显著的瘙痒感。

热湿舒适性包括热舒适性和湿舒适性。热舒适性是由面料的保温性、透气性以及款式等因素决定的，湿舒适性是由面料的吸湿性、透气性等因素决定的。

运动舒适性是指由于人体运动的多方面、多角度和大弯曲性，要求纺织品具有一定的延展性，能自由地依顺人体活动。

相关知识

一、纺织品质量检验的内容

纺织品质量检验的内容主要有六个方面，如图8-8所示。

图8-8 纺织品质量检验的内容

1. 外观质量检验

纺织品整洁、平伏，折叠端正，左右对称，各部位熨烫平整，无漏烫，无死褶，产品无线头、无纱毛，各部位符合标准要求。线与面料相适应（如色泽、质地、牢度和缩水率等），两者应大致相同，以保证纺织品的内在质量与外观质量。若有纽扣，其色泽也应与面料色泽相称。

2. 规格尺寸检验

纺织品的规格检验一般是对其外形、尺寸（如织物的匹长、幅宽）、花色（如织物的组织、图案、配色）、式样（如服装造型、形态）和标准量（如织物平方米质量）等的检验。纺织品的号型设置必须按标准进行，规格尺寸以标准所允许的公差范围为限。

3. 色差检验

在纺织品制造过程中，色点、色斑、色迹是比较常见的染色瑕疵。通常用明度、色相和饱和度（彩色度）三个属性的三维空间数值来表示颜色。明度（L）表示物体表面的明亮程度，色相（H）表示视觉上各种色调，饱和度（C）是指色彩的纯度。这些可以用国际照明委员会认证的Lab颜色空间量化表示，它是色差测量的基础。纺织品色差检验的工具是"色牢度褪色样卡"。

> **小知识**
>
> 所谓染色牢度（简称色牢度），是指染色织物在使用或加工过程中，在外部因素（挤压、摩擦、水洗、雨淋、曝晒、光照、海水浸渍、唾液浸渍、水渍、汗渍等）作用下的褪色程度，即产品耐洗、耐摩擦性能。

4. 疵点检验

疵点是指纺织品在织制过程中由于原料、半成品、生产设备及运转操作等因素的影响，在布面上呈现的削减其质量及影响外观的缺陷。纺织品的疵点可以分为原料疵点、尺寸偏差及其他。疵点按其对纺织品质量的影响大小又可以分为次要疵点、主要疵点和重要疵点。

> **小知识**
>
> 原料的质量问题包括：原料的纹理条干不均匀，有明显的胖瘦丝、大肚纱，存在纱结和异性纤维，网络丝不良，原料的接头过多，混纺纱混合不均匀，氨纶包覆丝的质量不合格等。

5. 缝制质量检验

纺织品缝制质量检验项目主要有缝制密度检验，面料对格、对条检验，拼接范围检验等。影响缝制质量的因素有很多，包括：设备本身存在的问题，缝制技术的问题，纺织品的原料质量、纺织品的组织结构、纺织品缝制环境的温度和湿度，设备操作者的技术水平，缝制过程中的错误和疏漏等。

6. 理化性能检验

纺织品理化性能检验项目主要有干、水洗收缩率，水洗后起皱级差，主要缝接部位强度和面料耐洗色牢度等。

二、纺织品质量检验的基本要求

纺织品是日常生活必需品，对生活起着美化装饰作用。纺织品质量检验的基本要求主要有5个方面，如图8-9所示。

图8-9 纺织品质量检验的基本要求

1. 实用性

实用性是指纺织品适合使用的各种性能，如纺织品的起毛性、起球性、缩水性、刚挺度、悬垂性和舒适性等。它要求纺织品不易起毛、起球，缩水率小，不易变形，刚挺度、悬垂性和舒适性较好等。

小知识

刚挺度是指纺织品抵抗变形的能力，它能够影响纺织品的手感、风格和挺括性。悬垂性是指从中心提起纺织品后，纺织品本身自然悬垂，产生匀称美观折裥的特性。舒适性是指纺织品具有满足人体要求并排除任何不舒适因素的性能。

2. 耐用性

耐用性是指纺织品在使用和洗涤过程中抗外界各种破坏因素作用的能力，直接影响到纺织品的使用寿命。

小知识

耐用性包括断裂强度、断裂伸长率、撕裂强度、耐磨强度、耐疲劳强度、耐日光性、耐热性、染色牢度和耐霉蛀性等。

3. 卫生安全性

纺织品的卫生安全性是指纺织品为保证人体健康和人身安全而应具备的性质，主要包括纺织品的卫生无害性、阻燃性和抗静电性等。

小知识

纺织品的卫生无害性不仅要求纺织纤维对人体无害，还要求纺织品在加工和染色过程中使用的染料、防缩剂、防皱剂、柔软剂和增白剂等化学物质对人体无害。不含荧光增白剂的内衣很适合儿童，穿着时对肌肤无刺激，色泽柔和自然、质地柔软。

降低静电的方法：在纺织品中混入导电纤维；将静电剂加入合成纤维内部或固着在纤维表面。

4. 审美性

审美性要求纺织品能够满足消费者的审美需要，达到精神与物质统一、技术与艺术结合的效果。它是一种整体美，主要包括"内在美"和"外在美"。

> **小知识**
>
> "内在美"是指纺织品蕴涵的文化内涵；"外在美"是指纺织品的外观、风格、色泽、装饰和图案等所体现出来的技术艺术性。

5. 经济性

经济性是指合理的产品寿命周期。对消费者而言，经济性是指购买纺织品所需费用的合理程度，即使用价值和价值之比。纺织品的成本和价格在满足用途需要的基础上尽可能低，纺织纤维的优化和选择直接影响纺织品的制作成本。

> **知识拓展**
>
> 2001年8月3日国务院第314号令公布《棉花质量监督管理条例》，以立法的形式确立纤维质量公证检验制度的法律地位，不仅为棉花质量公证检验提供了法律依据，而且为毛绒、茧丝、麻类等非棉纤维公证检验提供了法律依据。纤维公证检验制度的建立对维护纤维正常生产流通秩序，保护交易各方合法权益，促进纤维业、纺织业等相关产业健康发展具有十分重要的意义。

三、纺织品质量检验的方法

纺织纤维的鉴别方法一般有4种，下面简单介绍两种比较常用且易掌握的鉴别方法。

1. 感官鉴别法

感官鉴别法是指通过人的感觉器官，主要是用眼、手来对纤维或纺织品进行鉴别。眼看就是鉴定纤维或纺织品的外观、光泽、长度、粗细及弯曲等性状；手摸即用手测试纤维或纺织品的柔软度、弹性、厚薄、平滑或粗糙、凉爽或温暖等性能特点。纺织纤维主要品种的感官特征见表8-13。

表8-13 纺织纤维主要品种的感官特征

纺织纤维		感官特征
天然纤维	棉花	截面粗，强度高，卷曲多，弹性好，有丝光，吸湿性较好
	羊毛	纤维较长，有卷曲，光泽柔和，蓬松温暖，弹性好
	蚕丝	强度大于羊毛而接近棉，伸长率小于羊毛而大于棉，耐光性较差
	麻	纤维强度大，伸长小，散热性好，透气好，弹性差
化学纤维	氯纶	手感温暖，易产生静电，弹性和色泽较差
	涤纶	强力大，弹性好，手感爽挺，有金属光泽，吸湿性差
	腈纶	蓬松温暖，干爽光滑，毛感较强
	氨纶	弹性好，伸长度大
	丙纶	强力较大，手感生硬，相对密度小，吸湿性很差
	维纶	形态与棉纤维相似，但不够柔软，弹性差

织物的手感是用来鉴别织物质量的重要内容。手感主要有以下几个方面：织物身骨是否挺括、松弛；织物表面的光滑与粗糙；织物的柔软与坚硬；织物的薄与厚；织物的冷与暖；织物对皮肤有刺激与无刺激的感觉。

2. 燃烧鉴别法

燃烧鉴别法是指通过纤维在燃烧时的不同特征对其进行鉴别的方法。各种纤维对热和燃烧的反应特征不同，主要表现为接近火焰、在火焰中、离开火焰后、燃烧、气味和灰烬6个方面。常用纤维的燃烧特征见表8-14。

表8-14　常用纤维的燃烧特征

接近火焰	在火焰中	离开火焰后	燃烧	气味	灰烬
棉麻	不熔不缩	迅速燃烧，产生黄色火焰，有蓝烟	继续燃烧，不熔融	烧纸味	深灰色细软粉末
羊毛	收缩	缓缓燃烧，冒蓝灰色烟且有气泡	继续燃烧	烧毛发的臭味	有光泽的不定型黑色块状，手指一压即碎
蚕丝	收缩	缓缓燃烧收缩成一团，放出火焰	缓缓燃烧，有时自动熄灭	烧毛发的臭味	黑褐色小球，手指一压即碎
涤纶	收缩、熔融	有亮黄色火焰，无烟	时常自动熄灭	特殊芳香味	坚韧的浅褐色硬球，不易研碎
锦纶	收缩、熔融	缓缓燃烧，有白烟且无火焰	时常自动熄灭	氨臭味	坚韧的浅褐色硬球，不易研碎
腈纶	收缩、微融、发焦	熔融燃烧，有发光小火花	继续燃烧	辛辣味	黑色小硬球
丙纶	收缩	熔融燃烧	继续燃烧	轻微的沥青味	硬黄褐色球
维纶	收缩、熔融	缓缓燃烧，纤维顶端有火焰	继续燃烧	臭味	黄褐色不定型硬块凝在纤维顶端，手指强压可碎

其他鉴别纤维的方法还有显微镜观察法和试剂溶解法等，但这些方法在日常生活中并不常用，所以不予介绍。

纯纺织品的纤维用一两种方法基本上可以鉴别出来；混纺织品纤维的鉴别难度则比较大，往往需要几种方法配合使用，然后对其结果进行综合分析、研究，才有可能做出正确的鉴别。

细　菌　布

未来可以无须栽种棉花和纺纱织布，就能生产人类做衣服用的布。19世纪初，科学家发现了一种能使酒变成醋的细菌，叫胶醋酸杆菌，它会"吐"出一根根微小的丝。后来经过人工培育繁殖，制取到一种完全新型的无纺织物，人们叫它细菌布。

细菌布的纤维，实际上是"霉菌"生产的。只要有一定的温度和少许的养料，这类细菌就会长出大量纤细的"绒毛"，这就是通常讲的"长霉"。科学家在细菌培养基里滴进几滴荧光增白剂，细菌受到刺激，使多束的微细纤维合并在一起，变成又粗又长的纤维，而且生长速度也比正常速度快三倍。这些纤维经过互相交叉黏合，会形成菌丝的纤维网络。把它们的水分滤掉，像造纸一样，再用化学增塑剂处理，便得到具有一定柔韧性的无纺纤维成品。通常只要48小时，就能在5升的培养罐内制取0.5千克的细菌纤维，这比棉、毛、丝等的生产周期要快千万倍，甚至比化纤的生产速度还快。大量生产细菌布的难题是造价昂贵。因为培养细菌要用葡萄糖，成本很高。所以，科学家正在研究新的细菌，制造一种既有光合作用能力又能产生纤维素的新型微生物。

细菌纤维质地坚实，纤细而柔软，比棉麻纤维有更高的优越性。细菌布最适宜用作医疗上的绷带，它能使伤口形成一种与人的皮肤细胞组织相似的柔软"皮肤"，能促进伤口表面愈合，疗效显著。

本章小结

本章从纺织品的分类出发，对天然纤维纺织品、化学纤维纺织品的特点和纺织纤维的鉴别等方面做了讲解，介绍了各类纤维纺织品的特点及纺织纤维的鉴别方法。

天然纤维是指自然界原有的或从人工培植的植物上、人工饲养的动物上直接取得的纺织纤维，是纺织工业的重要材料来源之一。大量用于纺织的天然纤维主要有植物纤维、动物纤维和矿物纤维。

化学纤维是指以天然的或人工合成的高分子化合物为原料，经化学纺丝而制成的纤维。化学纤维主要有再生纤维、合成纤维和无机纤维。

纺织品质量检验应涉及外观质量、规格尺寸、色差、疵点、缝制质量和理化性能等方面的检验内容。纺织品质量检验应满足实用性、耐用性、卫生安全性、审美性和经济性等基本要求。

纺织纤维的鉴别方法一般有4种，本章简单介绍了两种比较常用且易掌握的鉴别方法，即感官鉴别法和燃烧鉴别法。

第九章　家用电器商品管理

 学习导航

制造业是国民经济的主体，是立国之本、兴国之器、强国之基。《中国制造2025》指出，实现中国制造向中国创造、中国速度向中国质量、中国产品向中国品牌三大转变，推动中国到2025年"两化融合"迈上新台阶，到2035年全面实现工业化。为了提供便捷与舒适的居住环境、改变传统的生活方式和习惯、节约能源和资源、促进经济增长，生产者必须设计符合人们使用需求和心理预期的家用电器。随着人工智能技术的不断发展和5G网络的广泛应用，未来的家电行业将会呈现出智能化、生态化、环保化、个性化和互联化等一系列新的变化和趋势。

 学习目标

本章主要通过"情景导入"，结合生活实际从身边的电器入手，激发学生学习兴趣，介绍有关家用电器的知识。通过本章的学习，你应该达成以下学习目标：

知识目标

- 陈述家用电器的含义。
- 熟悉家用电器的分类。
- 知晓家用电器的选购标准。

能力目标

- 能结合需求选购适宜的家用电器。

素养目标

- 树立"创新是第一动力，科技是第一生产力"的发展理念。
- 培养在高质量发展和"双碳"目标驱动下的"数字化和绿色低碳"双转型所需应用型人才的观念。

第一节　家用电器概述

 情景导入

家用电器（见图9-1）是现代家庭生活的必需品。中国家用电器协会发布的《中国家用电器工业"十四五"发展指导意见》指出，要加快数字化、智能化、绿色化转型升级，持续提升行业的全球竞争力、创新力和影响力，到2025年成为全球家电科技创新的引领者。目前我国家电企业已走在技术革命和时代潮流的前列，从为用户提供有竞争力的家电产品迭代到向用户提供成套的智慧家电产品，再迭代到向用户提供成套的智慧家居及智慧生活方式，并融入了中华民族独特文化。我们在享受舒适、健康生活和工作环境的同时，也越来越离不开它们。

图9-1　家用电器

 相关知识

一、什么是家用电器

1. 家用电器的概念

家用电器是指用于家庭和类似家庭使用条件的日常生活用电器，又称民用电器、日用电器。一般认为凡是进入家庭，以电作为动力的产品统称为家用电器。

2. 家用电器的分类

（1）家用电器的分类标准繁多，常按其用途分类，见表9-1。

表9-1　家用电器按用途分类

分　类	用　途	举　例
空调器具	主要用于调节室内空气温度、湿度以及过滤空气	电风扇、空调器、空气清洁器等
制冷器具	利用所属单位装置产生低温，以冷却和保存食物、饮料	电冰箱、冷饮机、制冷机、冰激凌机等
清洁器具	用于个人衣物、室内环境的清理与清洗	洗衣机、干衣机、淋浴器、吸油烟机、排气扇、吸尘器、地板打蜡机、擦窗机等
熨烫器具	用于熨烫衣物	电熨斗、熨衣机、熨压机等
取暖器具	通过电热元件使电能转换为热能，供人们取暖	空间加热器、电热毯等
保健器具	用于身体保健的家用小型器具	电动按摩器、负离子发生器、催眠器、脉冲治疗器等
整容器具	用于修饰面容	电吹风、电动剃须刀、烘发机、修面器等
照明器具	室内各类照明及艺术装饰用的灯具	室内照明灯具、镇流器、启辉器等
家用电子器具	家庭和个人用的电子产品	计算机、平板电脑、手机、音响、电视机、计时产品（如电子手表等）、娱乐产品（如电子玩具）等
厨房器具	用于食物准备、食具清洁、食物制备、烹调等的电器器具	电饭锅、电火锅、电烤箱、微波炉、电磁灶、开罐器、搅拌器、绞肉机、洗碗机、榨汁机等

（2）常见的大型连锁经营企业家用电器的分类，见表9-2。

表9-2 常见的大型连锁经营企业家用电器分类

分 类	举 例
传统家电	电视机、冰箱、洗衣机、空调等
小家电	电熨斗、吸尘器等
厨卫家电	浴器、吸油烟机、电饭煲、微波炉、电磁炉等
3C家电	通信产品、数码产品、计算机等

小知识

国外通常把家电分为3类，即白色家电、黑色家电和米色家电。白色家电指可以替代人们家务劳动的产品；黑色家电可提供娱乐活动，像彩电、音响等；米色家电指计算机等信息产品。除以上几种外，还有绿色家电，指在质量合格的前提下高效节能且在使用过程中不对人体和周围环境造成伤害，在报废后可以回收利用的家电产品。

二、家用电器安全标准

家用电器安全标准是为了保证人身安全和使用环境不受任何危害而制定的，是要求家用电器产品在设计、制造时必须遵照执行的标准文件。只有严格执行标准中的各项规定，家用电器产品的安全才有可靠的保证。

1. 对于使用者的安全

（1）防止人体触电。防触电要求产品在结构上应保证用户无论是在正常工作条件下，还是在故障条件下使用产品，均不会触及带有超过规定电压的元器件，以保证人体与大地或其他容易触及的导电部件之间形成回路时，流过人体的电流在规定限值以下。

小知识

触电会严重危及人身安全。如果一个人身上较长时间地流过大于自身的摆脱电流（根据国际电工委员会报告，成年男子平均摆脱电流为10毫安，妇女为7毫安，儿童为4毫安），就会摔倒、昏迷或死亡。

（2）防止过高的温升。过高的温升不仅直接影响使用者的安全，而且会影响产品其他安全性能。因此，产品在正常或故障条件下工作时应当能够防止由于局部高温过热而造成人体烫伤，并能防止起火和触电。

（3）防止机械危害。对整机的机械稳定性、操作结构件和易触及部件的结构要特殊处理，防止台架不稳或运动部件倾倒。防止外露结构部件边棱锋利、毛刺突出，直接伤人。还要保证用户在正常使用中或进行清洁维护时，不会受到刺伤和损害。

（4）防止有毒有害气体的危害。家用电器中所装配的元器件和原材料很复杂，应该保证家用电器在正常工作和故障状态下，所释放出的有毒有害气体的剂量在危险值以下。

　　家用电器有些元器件和原材料中含有毒性物质，它们在产品发生故障、发生爆炸或燃烧时可能挥发出有毒有害气体，常见的有一氧化碳、二硫化碳及硫化氢等。

　　（5）防止辐射引起的危害。辐射会损伤人体组织的细胞，引起机体不良反应，在设计家电产品时应使其产生的各种辐射泄漏限制在规定数值以内。

　　家用电器中电视机显像管可能产生X射线，激光视听设备会产生激光辐射，微波炉会产生微波辐射，在臭氧消毒柜工作期间打开柜门会发生臭氧泄漏，这些都会影响到消费者的安全。

2. 对于环境的安全

　　对于环境的安全，有4个方面，如图9-2所示，这些要求都是维护消费者人身健康和安全、保护生态环境所必需的。

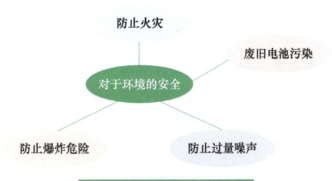

图9-2　对于环境的安全

　　（1）防止火灾。起火将严重危及人们的生命财产安全，因此家用电器的阻燃性防火设计十分重要。在产品正常或故障甚至短路时，要防止由于电弧过热而使某些元器件、材料起火。如果某一元器件或材料起火，应该不使其支承件、邻近元器件起火或整个机器起火，不应放出可燃物质，以防止火势蔓延到机外，危及消费者的生命财产安全。

　　（2）防止爆炸危险。家用电器有时在大的短路电流冲击下会发生爆炸，如电视机显像管受冷热应力或机械冲击产生爆炸。

　　安全标准要求电视机显像管万一发生爆炸，碎片不能伤害在安全区内的观众。安全区是指正常收看位置（最佳收看距离约为屏幕高度的4～8倍），以及离电视接收机更远的位置。

　　（3）防止过量噪声。家用电器如果产生过量的噪声，就会对环境造成污染，而且也会影响消费者的健康。

　　（4）废旧电池污染。笔记本电脑、手机等家用电器离不开电池，电池中含有硫酸化物以及汞、镉、锰、铅、镍等重金属。当废旧电池因日晒雨淋而表层锈蚀掉后，里面的酸和重金属成分会渗透到土壤和地下水，最终对人类造成危害。

知识拓展

"双碳"是"碳达峰"与"碳中和"的简缩合称，中国在第75届联合国大会上正式提出力争2030年前实现碳达峰、2060年前实现碳中和的目标。"双碳"目标是中国向世界做出的庄严承诺，彰显了中国积极应对气候变化、走绿色低碳发展道路、推动全人类共同发展的坚定决心。

第二节 传 统 家 电

情景导入

我国家电行业一直以高质量、高品质实现企业对用户的诚信承诺，目前面临高端化和绿色化两大发展机遇，走出国门正当时，而提供更健康的产品与服务是在全球家电市场竞争中取胜的关键。传统家电（见图9-3）已走进了千家万户，为我们创造了轻松、愉悦的家庭生活。了解它们也是我们优质生活所必不可少的。

图9-3 传统家电

相关知识

一、电视机

电视机是指用电的方法即时传送活动的视觉图像的电器。电视机利用人眼的视觉残留效应显现一帧帧渐变的静止图像，形成视觉上的活动图像。

1. 电视机的分类

电视机的分类，见表9-3。

表9-3　电视机的分类

分 类 标 准	类　别
按图像色彩	彩色电视机、黑白电视机等
按尺寸	32英寸、43英寸、55英寸、65英寸、75英寸、98英寸、100英寸等
按屏幕	球面彩电、纯平彩电等
按显像管	CRT（阴极射线管）、LCD（液晶显示屏）、LED（发光二极管）、PDP（等离子显示屏）、OLED（有机发光二极管）等
按功能	普通电视、网络电视、智能电视、3D电视、曲面电视
按清晰度	标清电视、高清电视（全高清，FHD）、超清（4K）电视、超高清（8K）电视

小知识

65英寸的电视机：65英寸指的是电视机对角线的长度，即长度约为144厘米，宽度约为81厘米，对角线的距离约为165.1厘米。

知识拓展

2020年工业和信息化部、国家广播电视总局发布《超高清视频标准体系建设指南（2020版）》，内容表明：超高清视频是具有4K（3840×2160像素）或8K（7680×4320像素）分辨率，符合高帧率、高位深、广色域、高动态范围等技术要求的新一代视频。它具有更精细的图像细节、更强的信息承载能力和更广泛的应用范围，为消费升级、行业创新、社会治理提供了新工具、新要素、新场景，有力推动了经济社会各领域的深刻变革。

2. 电视机的选购

电视机类型、型号的选择，应根据所在地区广播电视的制式、家庭居住、经济条件及家中已有视频电器的情况等因素来综合考虑。鉴别电视机的质量，可归纳为三大方面，如图9-4所示。

图9-4　鉴别电视机的质量

（1）外观检查：在不通电的情况下检查电视机包装、电视机外观和安全防护等。

1）电视机包装。电视机包装应防尘、防潮、防震，且标志明显。

标志包括产品名称、型号、商标名称及注册商标图案、生产厂家名称、产地等，进口电视机应有制造国别、产地和商标牌号。

2）电视机外观。电视机结构无损伤、破裂或缺件。

3）安全防护。机壳通风口能够防止外来异物进入内部，通风孔槽长度不超过20毫米，宽度不超过4毫米。电源线采用双重绝缘，在引线孔处固定牢固。

（2）通电检查：分为不接收电视信号检查和接收电视信号检查。

1）不接收电视信号检查，即把电源接通，将电视调到没有电视信号状态的任一频道，然后进行光栅检查和白平衡检查。

2）接收电视信号检查。现在大多数商场试机的节目源不是电视台发送的信号，而是由AV端子（复合视频接口）输入的VCD或DVD信号。试机时主要看图像是否清晰，说明书中的各种功能是否正常。

（3）伴音质量和图像稳定性检查：

1）伴音质量。调节音量时，没有杂声，将音量调到最大，伴音应洪亮、清晰，无明显的交流声和干扰噪声，图像稳定，无抖动及干扰条纹。

2）图像稳定性，即抗干扰性。若接收的电视信号一经调好后，图像即会稳定，没有上下移动、左右扭动、局部晃动等异常现象。且声像互不干扰，人体感应小。

知识拓展

电视机正在成为继计算机、手机之后的第三种信息访问终端，用户可随时访问自己需要的信息。智能电视顺应了电视机"高清化、网络化、智能化"的趋势，它将实现网络搜索、IP电视（网络电视）、BBTV（东方宽频网络电视）网视通、视频点播（VOD）、数字音乐、网络新闻、网络视频电话等各种应用服务，也将实现电视、网络和程序之间跨平台搜索。

二、电冰箱

电冰箱是一种使食物或其他物品保持冷态，内有压缩机、制冰机用以结冰的柜或箱，即带有制冷装置的储藏箱。

1. 电冰箱的分类

电冰箱的分类，见表9-4。

表9-4 电冰箱的分类

分类标准	类 别	特 点
按冷却方式分类	间冷式（风冷式、无霜冰箱）	冰箱内有一个小风扇强制箱内空气流动，箱内温度均匀、冷却速度快，使用方便，具有除霜系统，耗电量稍大，制造相对复杂

（续）

分类标准	类别	特点
按冷却方式分类	直冷式（有霜冰箱）	冷冻室直接由蒸发器围绕，或者冷冻室内有一个蒸发器，冷藏室上部再设置一个蒸发器，由蒸发器直接吸取热量进行降温。结构相对简单，耗电量小，温度无效性稍差，使用相对不方便
	风直冷电冰箱	综合了前两种冰箱的优点。冷藏室为直冷式，食物水分不易流失；冷冻室为风冷式，无须定期除霜
按用途分类	冷藏箱	用以储藏不需冻结的食品，温度在 2 ～ 10℃
	冷藏冷冻箱	兼有冷藏和冷冻功能
	冷冻箱	用于长时间储存商品，温度在 –18℃ 以下
按气候环境分类	亚温带型（SN）	气候环境温度为 10 ～ 32℃
	亚热带型（ST）	气候环境温度为 18 ～ 38℃
	热带型（T）	气候环境温度为 18 ～ 43℃
按形状结构分类	单门式冰箱	有一个储藏室，冷冻室和冷藏室共用一个蒸发器，耗电小，密封条件好
	双门式冰箱	上下开门，有两个储藏室，其中一个为冷冻室，冷冻室较大，开门时互不影响
	对开门式冰箱	立式，两扇门直立并排，一般左为冷冻室、右为冷藏室
	多门冰箱	它将冷冻区和冷藏区分成了多个门体和多个温度，在双门式上增加了多功能转换室或果蔬室，多功能转换室可转换为保鲜室、冷藏室或冷冻室

2. 电冰箱的选购

选购电冰箱时一般根据各自的经济状况、生活习惯、居住环境、人口多少及电冰箱的发展趋势来确定品种、规格和品牌，具体内容见表9-5。

表9-5 电冰箱的选购

选购内容		标准
结构容积	个人家庭情况、住房条件、放置位置	单门冰箱耗电小，密封条件好
		双门冰箱冷冻室较大，开门时互不影响
		三门、多门冰箱容积更大
外观检查	外壳、标志	表面光亮，无脱漆、碰伤、划痕，箱内平整，部件装配牢固
		用手轻叩冰箱，无空洞声音
		有安全认证标志、厂名、厂址和冰箱主要指标
制冷	最基本的需求	制冷速度快，制冷温度低，保温时间长
噪声	声压器在离冰箱1米外检测	250升以下噪声在 52 分贝以下、250升以上噪声在 55 分贝以下
售后服务	冰箱都会有一定的返修率	维修费用、保修时限、维修速度、维修服务
附件和随机文件	齐全	使用说明书、检验合格证、产品保修单和装箱单
能效	电耗限定值及能源效率	1、2、3、4、5 五个等级

知识拓展

未来冰箱

　　智能化与个性化是未来冰箱的两大关键特征，它会根据食材散发出的味道来判断是否新鲜，然后把不够新鲜的食材调动到距离冰箱门最近的地方，以提醒使用者。智能菜单能帮助家庭成员过上省时省力的生活，也能提供个性化服务；可与网上超市联网，并结合储存情况和使用者的偏好给出建议"菜谱"，再自动选择送货上门，让使用者足不出户安享美食。

三、空调

　　空调即空气调节器，它的功能是对房间（或封闭空间、区域）内空气的温度、湿度、洁净度和空气流速等参数进行调节，以满足人体舒适或工艺过程的要求。

1. 空调的分类

空调的分类，见表9-6。

表9-6　空调的分类

分类标准	类别
结构	整体式空调（窗式空调）：卧式、竖式
	分体式空调：壁挂式、落地式、柜式、吊顶式、嵌入式
功能	单冷式（冷风型）空调：只具备制冷功能
	冷热式空调：具有制冷、制热、除湿功能
	热泵辅助电加热型空调：可制冷、可制热，配有电加热管，可在超低温情况下制热
空气处理方式	集中式（中央）空调：空气处理器集中在中央空调室里，处理过的空气通过风管送至各房间的空调系统
	半集中式空调：既有中央空调又有处理空气的末端装置的空调系统
空气处理方式	局部式空调：每个房间都有各自的设备来处理空气的空调
固定方式	固定安装式、可移动式
操作方式	普通式、线控式、遥控式
工作方式	定频空调：一种用于给空间区域（一般为密闭区域）提供处理空气温度变化的机组。国家入户电网电压为220伏、50赫兹，在该条件下工作的空调称为定频空调。因供电频率不变，它的压缩机转速基本不变，靠不断地"开、停"压缩机来调整环境温度
	变频空调：加装了变频器的常规空调。变频器控制和调整压缩机，使之始终处于最佳转速。当室内温度达到期望值后，空调主机则准确保持该温度的恒定速度运转，实现"不停机运转"来保证环境温度

2. 空调的选购

　　由于空调的制热效果低于制冷效果，所以买空调应当以制热指标为准。依据冬季适用面积、使用空调的房间状况和地域气候的差异，以及对极端天气的预估购买稍大于适用面积制热量的空调。选购时主要考虑以下几个方面，见表9-7。

表9-7 空调的选购

选购内容		标 准
外观检查	面板、热交换器、标志	面板光亮、无脱漆、无碰伤、无划痕,表面无气泡、无划痕、无露底、无皱纹
		开关、按键、旋钮操作自如,风扇灵活,显示装置完整
		热交换器的盘管与肋片整齐、间隙均匀、无凹陷、无倒片、无变形
		说明书、合格证、保修单齐全,铭牌在明显部位,标志清晰
结构	房间面积、安装技术、噪声	窗式空调器安装方便、体积小、重量轻、价格低,适用于小房间,噪声较大
		分体式空调器噪声小、结构新颖、安装麻烦、价格高,适用于对空调性能要求较高的场所
试机(通电后)	压缩机、电动机效果,振动,排水	电动机迅速正常运行,各项功能可正常操作
		制冷、制热的效果
		压缩机、室内机面框振动情况、风叶有无碰擦情况、噪声
		室内机排水是否通畅
耗电量	制冷量	每平方米耗冷 125～150 瓦,由于空调器的实际制冷量往往低于铭牌标出的在标准工况下的名义制冷量(规定可以低于 5%),所以选购的空调的名义制冷量要稍大些
噪声值	由内部的蒸发机和外部的冷凝机产生	制冷量在 2000 瓦以下的空调室内机噪声不大于 45 分贝,室外机不大于 55 分贝;2500～4500 瓦的分体空调室内机噪声不大于 48 分贝,室外机不大于 58 分贝

知识拓展

消费者对舒适、健康空气的需求,使得空气净化成为空调行业新的风口。市场上热销的产品也升级为具备自清洁、新风等功能的健康空调。智能空调能根据外界气候条件,按照预先设定的指标对温度、湿度、空气清洁度传感器所传来的信号进行分析、判断,及时自动打开制冷、加热、去湿及空气净化等功能。

四、洗衣机

洗衣机是指利用电能产生机械作用来洗涤衣物的清洁电器。一般使用水作为主要的清洗液体,有别于使用特制清洁溶液及通常由专人负责的干洗。

1. 洗衣机的分类

洗衣机的分类,见表9-8。

表9-8 洗衣机的分类

分类标准	类 别	特 点
自动化程度	普通型洗衣机	洗净、漂洗、脱水需手工转换,结构简单,价格便宜,使用方便,占地少,易搬动,可选定洗净时间
	半自动洗衣机	由洗衣和脱水功能(或洗衣和漂洗功能)组成,可预定洗净和漂洗时间
	全自动洗衣机	洗净、漂洗、脱水自动进行,自动选择洗涤时间、水位、水流,自动识别衣物种类、衣量、脏污程度,节水节电,省时省力,结构复杂,维修难度大,价格高

（续）

分 类 标 准	类 别	特 点
洗涤方式与结构特点	波轮式洗衣机	结构简单，体积小，洗净度高，耗电少，对衣服磨损大，洗涤均匀性不佳
	滚筒式洗衣机	结构复杂，体积较大，洗净度高，耗电较大，对衣服磨损小，衣物不打结，洗涤容量大，噪声低
	搅拌式洗衣机	洗净率高，对衣服磨损小，洗涤均匀性较好，机体大且重，结构复杂，制造困难，噪声较大
	喷流式洗衣机	结构简单，故障较少，洗净率高，洗涤时间短，衣物易缠绕，洗涤不均匀
	双动力洗衣机	波轮和内桶双力驱动，双向旋转产生的强劲水流穿透衣物纤维，彻底剥离污渍，强力洗净衣物，磨损低、防缠绕、不打结，较省电、省水、省时，洗净比达到 0.9

2. 洗衣机的选购

选购洗衣机时要考虑洗涤容量、生活习惯和家庭条件，具体内容见表9-9。

表9-9 洗衣机的选购

选 购 内 容	波轮式洗衣机	滚筒式洗衣机	搅拌式洗衣机	双动力洗衣机
洗净度	大于 0.7	大于 0.7	大于 0.75	大于 0.9
磨损率	小于 0.15%	小于 0.10%	小于 0.15%	0.02%
用水量	大于 70 升	大约 70 升	大于 70 升	普通洗衣机的 50%
耗电量	较小	较大	较小	很小
价格	1000～2000 元	2000 元以上	3000 元以上	2000 元以上

知识拓展

洗衣机从简单的机械化转变为自动化，最终走向智能化。智能洗衣机能调节用水量、洗衣液用量、洗涤时间，感知衣服面料，更科学高效地清洁衣服。当前已出现具有大容量超薄、超高洗净比、洗净即停、15分钟快洗、银离子杀菌等功能的洗衣机，能更好地增加用户体验感。

第三节　小 家 电

情景导入

在你的家里除了冰箱、洗衣机那样的"庞然大物"，还有没有如图9-5所示的"身材娇小"的家电呢？它们不仅帮我们提升居住环境质量、降低劳动强度、提高劳动效率，还让我们收获了健康。

图9-5 小家电

相关知识

一、小家电的分类

小家电是指除了大功率输出的电器以外的家电。一般来说，这些小家电占用的电力资源比较小，机身体积也比较小。它主要用来提高人们生活的质量，如今更是被赋予了提升生活幸福感的意义。

按照小家电的使用功能，可以将其分为四类，见表9-10。

表9-10 小家电的分类

分类标准	类型	举例
使用功能	厨房小家电	豆浆机、电热水壶、微波炉、电压力煲、吸油烟机、电磁炉、电饭煲、消毒碗柜、榨汁机、电饼铛、烤饼机、多功能食品加工机
	家居小家电	电风扇、吸尘器、扫地机器人、电暖器、加湿器、空气清新器、饮水机、电动晾衣机
	个人生活小家电	电吹风、电动剃须刀、电熨斗、电动牙刷、电子美容仪、电子按摩器
	个人使用数码产品	平板电脑、掌上学习机、游戏机、数码相机、云摄像机、电子书阅读器

二、小家电的选购

1. 电风扇

电风扇简称电扇，是一种利用电动机驱动扇叶旋转使空气加速流通的家用电器，主要用于清凉解暑和流通空气，广泛用于家庭、办公室、商店、医院和宾馆等场所。

（1）电风扇的分类，见表9-11。

表9-11 电风扇的分类

分类标准	类型	特点
功能	普通型风扇	定时、定向摇头，调节速度
	豪华型风扇	定时、定向摇头，调节速度，模拟自然风，睡眠定时
电动机	单相罩极式风扇	结构简单，造价低，转矩小，效率低，过载能力小，规格在250毫米以下的小型电扇使用

（续）

分类标准	类型	特点
电动机	单相电容式风扇	启动能力小，转矩大，功率高，过载能力强，省电，规格在 300 毫米以上的大型电扇使用
	三相感应式风扇	规格在 400 毫米以上的大型排气扇使用
	直流和交直流串激整流子式风扇	使用在车辆和船舶上
外部形状	台扇	直接放在台面上的风扇，移动方便，占地少
	落地扇	一般只能放在地面上使用，要占用一定面积
	吊扇	用挂钩挂在楼板或墙壁上使用，风量大，送风范围一般，适合集体场所使用
	空调扇	利用水温与室温的温差，冷却气流，再吹入室内，带有少量降温功能

（2）电风扇的选购。选购电风扇时，首先要根据安放地点、居住面积以及与家庭陈设统一和谐等因素来选择适宜的尺寸、档次、式样和颜色；然后考虑电风扇的质量。电风扇的选购内容和标准见表9-12。

表9-12　电风扇的选购

选购内容		标准
规格	台扇	200 毫米、300 毫米、350 毫米、400 毫米
	落地扇	300 毫米、350 毫米、400 毫米、500 毫米、600 毫米
	吊扇	900 毫米、1050 毫米、1200 毫米、1400 毫米、1500 毫米、1800 毫米
外观检查	网罩	无变形（用一支笔指向一个扇叶最高点，缓缓移动扇叶，其他扇叶相应点与笔尖距离应十分相近）
	扇叶	无变形，转动时轻快灵活，可在任一位置停下
控制机构	调速、摇头等开关	操作灵活，接触可靠，两档不同时接通，按下停止键后各速度键正常复位
	定时旋钮	
活动部分	电风扇俯、仰角度	运转灵活，锁紧牢靠，网罩不与风扇支柱相撞，运转时稳定性好、振动小，不能倾倒，没有异常噪声，摇头角度不低于 60 度，在最高转速档下每分钟摇头不少于 4 次
噪声		300 毫米、350 毫米、400 毫米的台扇、壁扇、台地扇、落地扇分别不大于 63 分贝、65 分贝和 67 分贝
启动性能		电风扇从静止、启动到正常运转所需的时间越短，启动性能越好
通电后运转及调速性能		摇头开关灵活，摇头、停摆敏捷、无间歇、无停滞、无抖动，各档转速差别明显，送风角度越大越好
发热		连续运转 2 小时后，机头外壳表面温度在 50℃ 以下
漏电检查（通电后）		手触后有强烈麻感，用试电笔测试时有发光显示，可判断外壳漏电

小知识

　　电风扇的型号编制方法：第一个英文字母表示电风扇类（即F）；第二个字母表示电动机形式，由于绝大多数是电容式，一般省去；第三个字母表示电风扇的类别（即C表示吊扇，D表示顶扇，S或L表示落地扇，T表示墙扇，Y表示转叶扇）；第一位数字表示制造厂的设计序号，最后的数字表示电风扇规格。如FS5—40型，F是电风扇代号，S指落地扇，5表示制造厂第五代设计产品，40表示规格为400毫米。

2. 电熨斗

电熨斗是平整衣服和布料的工具。

（1）电熨斗的分类，见表9-13。

表9-13 电熨斗的分类

分类标准	类型	特点
功能	普通型电熨斗	结构简单，价格优惠，温度不易掌握，控制温度只能切断电源，容易烫坏织物，热惯性大，使用时需要较长时间才能热，停止使用后需较长时间冷却，热量损失大
	调温型电熨斗	在普通型电熨斗的基础上增设调温器，可在60～250℃随意调节，并保持设定温度不变，使用简便，安全省电，可熨烫各种织物
	蒸汽型电熨斗	在调温型电熨斗的基础上增设喷汽装置，使用时利用底板热量使水汽化，并通过底板小孔向下喷出，使织物湿润，提高了熨烫效率和质量
	蒸汽喷雾型电熨斗	在蒸汽型电熨斗的基础上增设喷雾装置，使用时向前方喷出雾状冷水，使织物得到水分，提高熨烫效果

（2）电熨斗的选购。目前市场销售的电熨斗中，蒸汽喷雾型电熨斗最为先进，但结构复杂，容易出现故障，且价格较高；普通型电熨斗虽工艺成熟，但因不能调节温度，已渐趋被淘汰。选购电熨斗时需要考虑多个因素，见表9-14。

表9-14 电熨斗的选购

选购内容	标准
功能	调温型电熨斗价格适中，省时省电，能熨烫不同织物，较经济实惠
功率	普通型电熨斗以300瓦为宜；调温型电熨斗以500瓦为宜；蒸汽喷雾型电熨斗以750瓦以上为宜
外观	外形美观，操作方便，电镀光亮，无锈点、起皮、划痕、坑，各部分结合牢固，摇动时无松动感，无响声，竖放电熨斗不应翻倒
通电检查（通电后）	用试电笔测试外壳，判断是否漏电。合格产品用手触摸金属部分无麻感，指示灯显示正常，通电几分钟触摸底板中央有升温感

3. 电暖气

电暖气是一种将电能转化为热能的产品。在人们追求高效、节能、环保，注重舒适、健康、高品质生活的今天，电暖气紧跟家电产品发展趋势，远程App操控、语音操控、预约定时等智能化程度快速提高。

（1）电暖气的分类，见表9-15。

表9-15 电暖气的分类

分类标准	类型		特点
发热原理	对流式		以电发热管为发热元件，通过对空气的加热对流来采暖，体积小，启动迅速，升温快，控制精确，安装维修简便
	蓄能式		利用夜间电网低谷时段的低价电能，在6～8小时内完成电、热能量转换并储存；在电网高峰时段以辐射、对流的方式将储存的热量释放，实现全天供暖、节约能源及费用
	微循环式		在散热器中充注导热介质，利用介质在散热器中的循环来提高室内温度，运行可靠，采暖效率比较高
外观	油汀式		发热慢，无辐射，无噪声，保温性较好，耗电量较高，适合面积稍大的房间
	暖风机	非浴室型	微电脑及PID控温，均匀性高，节能，造型美观、新颖
		浴室型	体形小巧，送风力强，升温迅速，全封闭式设计，安全
	热辐射型		外形与电风扇相似，扇叶和后网罩被电发热组件和弧形反射器替代

小知识

在工程实际中，应用最为广泛的调节器控制规律为比例、积分、微分控制，简称PID控制，又称PID调节。它以结构简单、稳定性好、工作可靠、调整方便而成为工业控制的主要技术之一。

（2）电暖气的选购。消费者了解了电暖器的特点之后，在选购时可根据自己的需求，选择出适合自家使用的安全、价格适中和高效节能的电暖器。具体选购内容见表9-16。

表9-16　电暖气的选购

选购内容	标　准
安全性能	选购国家强制认证后（即具有3C标志）的产品，优先考虑具有倾倒断电、高温断电等保护功能，浴室防水型的暖风机还应有防水认证标志
功率	家用电表容量一般在3～10安培，最好选功率在2000瓦以下的电暖器，以免功率过大发生断电
热效率	在电暖器前后1米处放置温度计，分别记录开机前、开机5分钟及开机30分钟温度计显示的温度，然后进行比较，即可选出热效率高的电暖器
通电检查（通电后）	用试电笔测试外壳，判断是否漏电。合格产品用手触摸金属部分无麻感，指示灯显示正常

小知识

3C认证即"CCC认证"（China Compulsory Certification）是我国强制规定各类产品进出口、出厂、销售和使用必须取得的认证。

第四节　厨卫家电

情景导入

小李周末回家在享受愉悦生活的同时，准备为父母做一餐可口的饭菜。面对如图9-6所示的厨卫家电，他如何既不用感受厨房的烟雾缭绕、油花四溅，又能轻松做出美味佳肴呢？

图9-6　厨卫家电

相关知识

一、电饭煲

电饭煲又称电饭锅，是利用电能转变为内能的炊具，使用方便，清洁卫生，还具有对食品进行蒸、煮、炖、煨等多种功能。

1. 电饭煲的分类

电饭煲的分类，见表9-17。

表9-17　电饭煲的分类

分类标准	类别	特点
装配方式	整体式电饭煲	其锅体和发热体是一个整体，内锅可以取下，式样流行，耗电小，热效率高
	组合式电饭煲	由锅体和发热体组成，锅体可取下，结构简单，价格便宜，热效率低，耗电较大
锅体内部气体压力	常压电饭煲	锅体内部的压力保持在常压下
	压力电饭煲	兼有高压锅的功能，比常压电饭煲易熟，省时省电
时间控制方式	保温式电饭煲	煮熟饭后，若锅内温度降到60℃左右时，电热板启动，使锅内温度保持在60～80℃
	定时启动型电饭煲	增加定时装置，可在24小时内人为确定任一时间自动启动做饭，自动断电、保温
	计算机控制式电饭煲	所有功能都是自动化的，操作简单
加热方式	底盘加热电饭煲	加热电饭锅的底盘，底盘的热量传导至内胆，然后对水和米进行加热。受热不均匀，底部米饭偏硬，口感差
	IH 电磁加热电饭煲	利用电磁加热，受热均匀、精准控温、米饭口感好
	远红外加热电饭煲	远红外线有较强的渗透力，具有显著的温控效应和共振效应，易被物体吸收并转化为物体的内能。能从米粒内部加热，米饭更香
造型	平底电饭煲	加热过程中平底内胆的中心受热多、边缘受热少，米饭口感不均匀
	球釜电饭煲	球底内胆各个区域的米饭受热均匀，口感好
涂层	陶晶涂层电饭煲	硬度不高，耐磨程度不高，不黏效果差，价格低，使用寿命1～3年
	PTFE 涂层电饭煲	不耐刷蹭，价格比陶晶涂层高，使用寿命3～5年
	PFA 涂层电饭煲	质量优于 PTFE 涂层，用在中高端电饭煲上，价格较高，使用寿命5～8年
	PEEK 涂层电饭煲	质量好，无毒耐用，价格高，使用寿命10年以上
控制面板	机械式电饭煲	电路简单，成本低廉，现在较为少见
	触控式电饭煲	响应灵敏，能方便、准确地操作

2. 电饭煲的选购

要根据经济条件、人口多少来选购电饭煲，具体内容见表9-18。

表9-18 电饭煲的选购

选购内容	标 准
功率	400瓦、500瓦、700瓦、800瓦、1000瓦、1500瓦等
外观检查	外壳表面光洁平整,无划痕和脱漆,锅盖无扭曲、碰伤,并与内胆和外壳密封良好
电热盘和内胆	配合面吻合,表面光洁,没有孔眼、凸凹不平、明显沙痕、氧化腐蚀斑点等
自动开关	固定在电热板中央,拿掉内锅即可看见,用手按压有一定的弹性
电气性能(通电后)	按下开关,黄色指示灯亮,电热板微热,锅体和电源引线无漏电
其他方面	电源线、量杯、蒸架、使用说明书、保修卡齐全,电源线接插灵活、松紧适宜

温馨提示

根据普通家庭人口的生活水平:3人以下宜选择功率400瓦、容量2升的电饭煲;2~4人宜选择功率500瓦、容量3升的电饭煲;5~8人宜选择功率700瓦、容量4升的电饭煲;6~10人宜选择功率800瓦、容量5.5升的电饭煲。

二、微波炉

家用微波炉具有再加热功能,即在已经煮熟的食物、牛奶等凉了以后再加热;具有煎、煮、焖、蒸、烩、炒、烘、烤等多种食物烹饪功能,且省时节能,能保持食物的原汁原味;能迅速解冻食物,并保持解冻后食物组织的充分和鲜嫩;能对毛巾、文具等进行消毒杀菌。

1. 微波炉的分类

微波炉的分类,见表9-19。

表9-19 微波炉的分类

分类标准	类 别	特 点
功率	大、中、小功率	大功率(1500瓦以上)、中功率(1000~1500瓦)、小功率(1000瓦以下)
工作频率	商用大型微波炉	工作频率为2450兆赫兹
	家用微波炉	工作频率为915兆赫兹
功能	单一微波加热型	仅有微波加热功能
	多功能组合型	具有微波、烘、烤、蒸等加热功能
结构	箱柜式微波炉	容量大,微波功率大,商用
	轻便式微波炉	容量小,微波功率在1000瓦以下,可放在灶台上、嵌入橱柜和壁柜中,家用
控制方式	机械控制式	定时器、功率选择开关由机械装置控制
	微电脑控制式	由单片微处理器控制,能预定程序完成加热、烘烤、解冻和保温等操作
工作原理	转盘式	炉腔底部有一个圆形玻璃转盘,底部马达带动转盘360度旋转加热。加热速度快、受热均匀,但空间利用率低、功能较少
	平板式	在炉腔底部隐藏了带有马达的金属搅拌片,通过金属搅拌片的反射、折射将微波打散,从而达到加热均匀的目的。其加热空间大,底部平整、易清洁,功能较多。低价位、小功率的平板式微波炉加热速度慢,部分食物可能会受热不均匀
加热方式	光波式	操作简单,功能单一
	变频式	能调整输出功率,具备烧烤、烘焙等功能,可实现从强火到弱火的自动调控

小案例

民族品牌格兰仕不断创造性地攻克各种技术难关，在低能耗、零重力、空间狭窄的空间站环境中为中国航天员提供一日三餐的健康烹饪，为中国空间站打造全球首创的航天微波炉，让中国家电技术再次领跑世界。

2. 微波炉的选购

微波炉的选购，见表9-20。

表9-20　微波炉的选购

选购内容	标　准
规　格	家庭的经济能力、人口数量、家庭电路和电表的负荷能力，一般家庭选择800瓦的微波炉比较适宜
外观检查	外壳、炉腔内壁无裂痕、变形，喷涂层均匀、平整、光滑，各个操作部件操作自如，玻璃转盘完整无损，附件齐全，面板要求平整无凹度、无碰伤、色泽均匀，光泽好，图案、字符清楚
炉门检查	炉门无变形、无损坏，开关自如。按动开门按钮后，炉门自动弹开15～30度。拉式炉门应稍用力才能拉开，关门时应稍用力才能关上
微波泄漏检查	正常工作时微波泄漏应小于5毫瓦/平方厘米
通电检查	放入两杯凉水，关好炉门，定时1～2分钟，开启加热，观察炉内是否有照明，转盘转动应均匀且连续走动，工作声音小，不应有"吱吱"声，有热风排出，到了设定时间，铃声响即停止工作，打开炉门试试水是否热且温度是否相同

温馨提示

根据普通家庭人口的生活水平而言，3～4人的家庭宜选择容积为19～23升、功率为800～1000瓦的普通转盘式微波炉为宜。

三、吸油烟机

吸油烟机是一种净化厨房环境的厨房电器。它安装在厨房吸炉灶上方，能将炉灶燃烧的废物和烹饪过程中产生的对人体有害的油烟迅速抽走，排出室外，减少污染，净化空气，并有防毒、防爆的安全保障作用。

1. 吸油烟机的分类

吸油烟机的分类，见表9-21。

表9-21　吸油烟机的分类

分类标准	类　别		特　点
结构	顶吸型		风机系统在集烟内腔的顶部，排烟室密闭，油烟对电动机、风叶的侵蚀少，吸油烟效果较好，清洗便利
	近吸型		集烟内腔为敞开式结构，进风口离油烟源头距离更近，排烟效果更好
	侧吸型		风机系统在集烟内腔的侧面，排烟效果较差，清洗较麻烦
款式	中式		深型集烟腔，拢烟效果比较好，比较适合国内爆炒的烹饪环境
	欧式	弧形	面板形态为圆弧形，视觉效果比较柔和，形态上容易亲近
		塔形	面板形态类似塔，其烟罩、面板采用近似于直线的设计元素，视觉效果比较冷峻，适合偏向于冷色的厨房装修风格
		T形	整体外观形态类似于T形

2. 吸油烟机的选购

吸油烟机已成为现代家庭必不可少的厨房设备。如何选购适合自己需要的吸油烟机呢？具体内容见表9-22。

表9-22　吸油烟机的选购

选购内容	标　准
安全性能	通过国家3C强制产品认证
风量	风量值越大，越能快速、及时地将厨房的油烟排尽
风压	风压值越大，吸油烟机抗倒风能力越强
噪声	最高转速档运行时指标值不大于74分贝，触摸外壳是否振动，安静、运行平稳
电机功率	电机功率分为输入和输出功率。输出功率一样的情况下，输入功率越小越好。这种情况下可以减少电机发热，延长使用寿命
油脂分离度	油脂分离度越高，吸油烟机收集油脂的能力强，可以减少油脂黏附在机器内壁和其他位置上。外排式吸油烟机的油脂分离度应不小于80%
气味降低度	常态气味降低度越高，代表吸油烟机去除室内异常气味的能力越强，向外排烟效果越好。1、2级能效等级的常态气味降低度大于等于95%，3、4、5级能效等级的常态气味降低度大于等于90%
附加功能	挥手开关、智能清洗、人工智能巡航、延时关闭、自动换气等

小知识

我国第一台吸油烟机是在德国慕尼黑商品博览会上引进的，该吸油烟机没有结合我国人民的烹饪特点。外国家庭烹饪主要强调保持蔬菜的营养和原汁原味，基本采用蒸、煮、煎、炸烹饪技巧，不会产生大量的油烟，而中餐烹饪强调的猛火爆炒会产生大量油烟。

四、浴霸

浴霸用于浴室取暖和照明，是一种新型多功能取暖器具。

1. 浴霸的分类

浴霸的分类，见表9-23。

表9-23　浴霸的分类

分类标准	类别	特点
功能	单功用浴霸	只具备取暖功能
	二合一浴霸	同时具备取暖和照明功能
	三合一浴霸	同时具备取暖、照明和换气功能
	四合一浴霸	同时具备取暖、吹风、换气和照明
	五合一浴霸	同时具备取暖、吹风、换气、照明和温度显示功能
加热原理	灯泡浴霸	将红外石英加热灯泡作为热源，直接加热室内空气，无须预热
	PTC风暖浴霸	以PTC陶瓷加热元件作为热源，加热快、高效、无发光、无明火、使用寿命长、安全可靠
	双暖流浴霸	采用远红外辐射加热灯泡和PTC陶瓷加热元件联合加热，加热速度更快，热效率更高
	碳纤维浴霸	将航天顶尖科技材料碳纤维引入取暖领域，经过高科技处理使其远红外发热效率高达98%。在取暖、环保、寿命、安全、保健、节能等六大标准上实现了突破

（续）

分类标准	类别	特点
加热原理	黄金管浴霸	采用特用厚玻璃制作，能避免管壁发黑，效率高、热传递快、对控制装置反应灵敏、结构紧凑、重量轻、省电、寿命长、防水、耐冲击
	远红外热波浴霸	将电能转化为热能，然后通过组合转化为远红外线，模拟阳光原理，具有辐射加热和光催化涂料组合物等功能
安装方法	壁挂式浴霸	斜挂方式固定在墙壁上
	吸顶式浴霸	固定在集成吊顶上

2. 浴霸的选购

由于浴霸经常在潮湿的环境下工作，在购买时马虎不得，否则会危及消费者的人身安全，因此，消费者在选购浴霸时应考虑多种因素，见表9-24。

表9-24 浴霸的选购

选购内容	标准
安全性能	通过国家3C强制产品认证，取暖灯防水、防爆，灯头采用双螺纹以杜绝脱落，取暖泡采用硬质防爆玻璃或内部负压技术
浴室使用面积和高低	浴室高度在2.6米左右时，两个灯泡的浴霸适合于4平方米左右的浴室，四个灯泡的浴霸适合于6～8平方米的浴室
外观检查	其不锈钢、烤漆件、塑料件、玻璃罩、电镀件镀层等表面均匀光亮，无脱落，无凹痕、严重划伤或挤压痕迹，外观漂亮
装饰性	降低厚度，流线外形，色彩多样化。取暖泡采用低色温设计，光线柔和，不刺激眼睛
款式	蝶形、星形、波浪形、虹形
售后服务	保修期为1～3年，终身维修，本地有维修服务部网点，免费安装，登门维修。零配件失效后，厂家能及时更换和长期供应，且产品免费升级

> **小知识**
>
> 内部负压技术是指灯泡如果破碎则只会缩为一团，不会危及消费者的人身安全。

五、洗碗机

洗碗机是用来自动清洗碗、筷、盘、碟、刀、叉等餐具的设备，它减轻了劳动强度，提高了工作效率，并增进了清洁卫生。

1. 洗碗机的分类

洗碗机按用途分为商用洗碗机和家用洗碗机。商用洗碗机适合商业用途，如宾馆、饭店、餐厅等，其特点是高温、大强度、短时间处理；家用洗碗机适用于家庭，其分类见表9-25。

表9-25 家用洗碗机的分类

分类标准	类别	特点
结构	台式	容量小，占用空间小，摆放灵活，能洗2～3套餐具，适合1～2人的家庭使用
	水槽式	兼具水槽功能，一体式设计，内部空间比台式洗碗机的大，能满足3～4人家庭使用
	柜式	外形尺寸标准化，容量大，适合与整体厨房配套，一般可以满足12～13套餐具的清洗要求

（续）

分类标准	类别	特点
控制方式	机电式控制	采用机电式程控器，较为传统，性能稳定可靠
	电子式控制	将单片机作为核心控制器件，程序设计灵活，有多样的工作状态显示
安装方法	嵌入式	嵌入式安装后与橱柜浑然一体
	自由式	自由式随意摆放
洗涤方式	喷淋式	采用高压水上下左右喷淋，水流经过加热器温度可达到 60～80℃，洗涤效果好
	涡流式	餐具放在碗架上，并浸泡在水里，水在涡轮的带动下旋转，以洗涤餐具。耗水量大，洗涤效果较差

2. 洗碗机的选购

洗碗机除了冲洗、烘干、消毒碗杯之外，还可以清洗瓜果蔬菜、锅、抽油烟机滤网、油壶、烤箱、空气炸锅的油网等。选购洗碗机应注意表9-26所示的内容。

表9-26　洗碗机的选购

选购内容	标准
水效等级	它是指能效指数、水效指数、干燥指数、清洁指数的综合表现，合格的洗碗机的水效等级是 1～5 级，最低水效等级是 5 级
容量	目前市场上洗碗机的容量大多数是 4 套、6 套、8 套、12 套、13 套类型的。两口之家选 4～6 套，四口之家选 8 套，六口之家选 8 套以上才能满足需求
烘干方式	烘干效果：晶蕾烘干＞热风烘干＞热交换烘干＞余热烘干，其中，热风烘干和热交换烘干性价比较高
电机	洗碗机上有洗涤、排水泵两个电机。购买 12 套以上洗碗机一定要选双变频电机，双变频电机节能、干净、静音、寿命长
附加功能	有轻载模式，以及加强除菌、下层强洗、加强漂洗、加速省时、加强烘干等功能。每一款洗碗机通常均配备其中的 1～4 个附加功能
水压强度	选择洗碗机的水压强度需要大于 3 兆帕才够用，水压越强越容易清洗干净

第五节　　3C 家电

情景导入

当小李离开家乡来到大城市求学，父母准备给他购买计算机和手机等3C家电产品（见图9-7），以便在学习和生活中使用。可是在电器商场中，小李望着各式各样的3C家电产品却停下了脚步，不知道该如何选择了……科技的进步和创新不仅带来了更高水平、更智能化的产品，也带来了更好的用户体验。随着5G技术、人工智能等技术的逐渐成熟，3C家电产品的发展将会更加快速。3C家电行业已经成为当今最重要的行业之一。

图9-7　3C家电产品

相关知识

　　3C家电是指计算机、通信和消费类电子产品三者结合，又称"信息家电"。3C家电包括家用电脑、手机、家用相机、电视、数码影音产品及其相关产业产品。

一、家用电脑

　　家用电脑是指专为普通家庭用户所设计制造的微型计算机，和商用电脑相比，其在硬件结构和系统、软件结构上基本无异，主要是在功能用途上有所差异。家用电脑主要侧重于影音娱乐和游戏方面的应用，同时也具备一定的学习办公能力，可以满足家庭用户的绝大部分需要。

1. 家用电脑的分类

　　家用电脑有台式电脑和笔记本电脑之分，笔记本电脑的分类见表9-27。

表9-27　笔记本电脑的分类

分类标准	种　类	特　点
屏幕	常规屏	其液晶显示屏（LCD）的长宽比例为4:3，这个比例和传统的CRT显示器长宽比例相同
	宽屏	长宽比例（最常见的是16:10）更接近黄金分割，能给人更好的视觉效果
重量	桌面替代型	3千克以上，性能比较强
	超便携型	1.5千克以下，性能较低，只满足一些文字处理及上网需求
	轻薄型	12英寸到15英寸的电脑，重量控制在1.5～2千克
	主流型	2～2.5千克，性能一般
市场定位	轻薄便携型	一般无独立显卡，续航能力强、轻薄便携，性能较弱、散热比较差，主要用于办公、学习
	娱乐游戏型	搭载游戏级独立显卡，性能强大、速度快、散热好、体验感极强，机身笨重、续航能力弱，主要用于运行大型游戏、3D建模、复杂的后期剪辑
	商务应用型	运行稳定、安全，外观商务时尚、大方，主要用于商务工作
	平板手写型	即平板电脑，外形介于一般笔记本和掌上电脑之间，其显示器可随意旋转，且带有触摸识别的液晶屏，可以用电磁感应笔手写输入。主要用于上网、听音乐、看电影、玩游戏、导航、天气预报、炒股、办公，加入SIM卡可以打电话
	影音家庭型	笔记本电脑替代了传统的娱乐家用台式机，屏幕一般为大尺寸设计，更倾向于娱乐。采用16:9屏幕设计分辨率，屏幕亮度高且可视角度很大。主要就是迎合购买者在家里看电影和听歌的需求，也可进行视频编辑和剪辑软件

2. 家用电脑的选购

　　家用电脑的选购，见表9-28。

表9-28　家用电脑的选购

选 购 内 容		标　　准
外观质量		外壳材料坚固，不易损坏，电源表面色泽均匀、清洁、无划痕及机械损伤
电脑品牌	品牌电脑	适宜只用电脑来打字、制表、看影碟、上网聊天等，并且不考虑日后会升级的消费者购买
	组装电脑	具备灵活的升级空间和众多可供选择的个性配件
配置		CPU、内存、主板、显卡、显示器，以实用、够用为原则

小知识

第一台通用电子计算机ENIAC于1946年2月15日宣告诞生。

二、手机

移动电话通常称为手机，是可以在较广范围内使用的便携式电话终端。

1. 手机的分类

手机的分类，见表9-29。

表9-29　手机的分类

分类标准	种　类	特　　点
外观设计	折叠式	手机为翻盖式，要翻开盖才可见到主显示屏或按键
	直立式	手机屏幕和按键在同一平面上，可以直接看到屏幕上所显示的内容
	滑盖式	手机要通过抽拉才能见到全部机身
	腕表式	戴在手上，跟手表形式一样，设计小巧，功能方面与普通手机相同
	旋转式	在180度旋转后才能看到键盘
功能	商务手机	以商务人士或就职于国家机关单位的人士作为目标用户群的手机产品
	相机手机	兼有相机功能的手机
	炒股手机	能通过网络查看股票证券行情或进行交易的手机
	学习手机	在手机的基础上增加学习功能，以手机为辅，以"学习"为主
	老人手机	大屏幕，大字体，超大铃音，大按键，超大通话音，专业的软件（可视化，菜单简单，结构清晰明了），一键拨号，验钞，手电筒，助听器，语音读电话本、短信、来电、拨号，外放收音机、京剧戏曲，一键求救等
	音乐手机	侧重于音乐播放功能。音质好，播放音乐时间持久，有音乐播放快捷键
	电视手机	以手机为终端设备，传输电视内容的一项技术或应用
	游戏手机	侧重游戏功能的手机，有专为游戏设置的按键或方便于游戏的按键
	智能手机	可以由用户自行安装软件、游戏等第三方服务商提供的程序，通过此类程序来不断扩充手机功能，并可以通过移动通信网络来接入无线网络的一类手机
	概念手机	比较概念化，如魔方手机或金字塔手机，就是把魔方或金字塔的概念赋予手机

小知识

第五代移动通信技术简称5G或5G技术。5G的性能目标是高数据速率、减少延迟、节省能源、降低成本、提高系统容量和大规模设备连接。2019年9月10日，中国华为公司在布达佩斯举行的国际电信联盟2019年世界电信展上发布《5G应用立场白皮书》，展望了5G在多个领域的应用场景。在模式频段上，手机需要支持NR/TD-LTE/LTEFDD/WCDMA/GSM才能使用5G网络。

2. 手机的选购

手机的选购，见表9-30。

表9-30　手机的选购

选购内容	标准
外观质量	外壳材料坚固，不易损坏，表面色泽均匀、清洁、无划痕及机械损伤
手机进网标志	手机必须获得进网标志方可销售，进网标志一般贴在手机背面
手机包装	国外生产的手机应有中文产地、代理商名称、入网证号、说明书、附件清单、保修单等
手机 IMEI 码	GSM 数字手机只要依次按"＊＃06＃"即可在手机屏幕上显示该手机的 IMEI 码和包装盒上的 IMEI 码，该码应与保修卡上的 IMEI 码一致
屏幕	屏幕主要有 LCD 和 OLED 两类。LCD 成本低、不会烧屏、寿命长、光线柔和、对眼睛好。OLED 屏幕的色彩体验更好，可使用屏幕指纹。厂商在 OLED 屏幕上引入调光技术，在屏幕低亮度情况下降低屏幕闪烁，避免视觉疲劳
电池和续航能力	电池的容量决定充满电后使用的时长。充电功率决定电量不足时的充电速度。手机续航是指手机在正常工作时（连续通话、看视频、听音乐、无线上网）的待机时间，它与手机的电池容量和自身耗电量有关。一般可考虑"4000 毫安以上容量电池＋至少 18 瓦以上快充"的组合
运行内存（RAM）、存储内存（ROM）	"×××手机（8G+256G）"中"8G"即 RAM、"256G"即 ROM。RAM 决定使用手机过程中能同时打开应用的上限、手机软件的运行速度、使用时的流畅性，ROM 决定了手机的存储容量
摄像头	现在的手机一般都会搭载三个或四个摄像头（即三摄或四摄）。标准的三摄就是主摄像头＋超广角镜头＋长焦镜头，满足了基本的拍照需求；四摄一般是主摄像头＋超广角镜头＋长焦镜头＋微距或景深等
附加功能	有视频输出功能，可以接到电视上浏览照片；能设置开机图片和快门声音；有短时的数码录像功能；能快速下载图片，拥有照片预览功能等

三、家用相机

家用相机是一个相对模糊的概念，在数码相机领域除了单反相机外，其余的数码相机都可以归为家用相机，这类数码相机能够满足一般家庭的使用需求，其CCD/CMOS像素在800万～1000万，镜头变焦倍数在3倍到20倍不等，大多数数码相机采用液晶显示屏实时取景，有自动曝光、风景、人像、夜景等多种自动化曝光模式。

小知识

　　CCD和CMOS都是指照相机的感光元件。相同像素下CCD产品的成像通透性、明锐度都很好，色彩还原、曝光可以保证基本准确。CMOS产品往往通透性一般，对实物的色彩还原能力偏弱，曝光也不太好，但CMOS产品的制造成本和功耗都低于CCD产品，它在摄像头领域仍得到了广泛应用。

1. 家用相机的分类

目前家用相机均为数码相机。数码相机是指一种利用电子传感器把光学影像转换成电子数据的照相机。市场中的数码相机一般可以根据用途或用户进行分类，根据用途分类见表9-31。

表9-31 数码相机根据用途分类

类　别	特　点
消费数码相机（卡片相机）	不能更换镜头，从LCD上看到的总是清晰的图像，CCD面积较小
	外观时尚、超大液晶屏、机身小巧纤薄、操作便捷、便于携带，但手动功能相对薄弱、超大的液晶屏耗电量较大、镜头性能较差，适合家庭使用
单反数码相机	单镜头反光数码相机，英文缩写为DSLR
	摄影质量较高，可以更换不同规格的镜头，适合比较专业的人士使用
长焦数码相机	具有较大光学变焦倍数的机型，光学变焦倍数越大，能拍摄的景物就越远
	可以拍摄较远距离的景物
广角数码相机	广角镜头就是焦距较短、视角较大的镜头
	前景大、远景小，突出前景物体，达到开阔视野、宏伟壮观的艺术效果，适合展现风光美态
微单相机	微——微型小巧。单——可更换式单镜头相机。这种相机有小巧的体积和单反一般的画质，既微型小巧又具有单反性能

2. 家用相机的选购

家用相机的选购，见表9-32。

表9-32 家用相机的选购

选购内容	标　准
像素与分辨率	像素越多，图片分辨率越高
	分辨率可有多个数值。相机提供的分辨率越高，拍摄与保存图片的弹性越强
	图片分辨率和输出时的成像大小及放大比例有关。分辨率越高，成像尺寸越大，放大比例越高
镜头与快门镜头	旅游纪念或生活照，可选购定焦镜头机型
	多样化需要，选购三倍或更强光学变焦能力的相机
光圈范围	光圈越大越能适应不足的光线，光圈的大小以数字表示，数字越大表示光圈越小，也就是进入的光线量越少
快门	快门能支持1/500～1/1000秒可以符合一般需求，速度越快，越容易捕捉高速移动的影像
微距拍摄	微距就是将要拍摄的主题拉近、放大，可以将微小物体拍成你想要的大小
自动白平衡修正	不同环境下感光程度不同，不同的光源会产生不同程度的颜色偏差，自动白平衡修正可以对颜色偏蓝、偏黄进行修正
曝光补偿	反射光多或少时，曝光补偿可以使影像更明亮、正确
附加功能	有视频输出功能，可以接到电视上浏览照片；能设置开机图片和快门声音；有短时的数码录像功能；能快速下载图片，预览照片

> **小知识**
>
> 镜头所标示的都是该镜头的最大光圈，也就是全开状态下的值，比如在变焦镜头上会看到9.2～28毫米及F12.8～F3.9的标示，表示在焦距为9.2毫米时的最大光圈是F12.8，而焦距为28毫米时的最大光圈则为F3.9。

《中国制造2025》要求，实施制造强国战略，力争把我国建设成为引领世界制造业发展的制造强国，为实现中华民族伟大复兴的中国梦打下坚实基础。智能制造的魅力吸引着小李，他立志在科技创新的道路上前行，坚持人与自然和谐共生，用实际行动参与智能家电产品（见图9-8）的研究与开发。

图 9-8 智能家电产品

随着传感技术、芯片技术、射频识别（RFID）技术、网络技术的发展，真正意义上的智能家电进入了我们的生活。智能家电是将微处理器、传感器、网络通信等技术引入家电设备后，使其具备灵敏感知能力、正确识别能力、准确判断能力和有效执行能力的产品。它们能够自动感知住宅空间状态、家电自身状态和家电服务状态，并能够自动控制及接收用户在住宅内或远程的控制指令。同时，智能家电作为智能家居的组成部分，能够与住宅内其他家电和家居设施互联组成系统，实现智能家居功能。

一、扫地机器人

扫地机器人凭借人工智能技术自动在房间内完成地板清理工作。它采用刷扫和真空吸尘的方式，将地面杂物吸纳到自身的垃圾收纳盒中，从而完成地面清理。一般来说，将能够完成清扫、吸尘、擦地工作的机器人，统一归为扫地机器人。

1. 扫地机器人的分类

扫地机器人的分类，见表9-33。

表9-33 扫地机器人的分类

分类标准	种 类	特 点
清扫路线规划	传统随机清扫式	机器进行直线运动，遇到障碍物后转一个角度继续直行。可获得较好的覆盖率，但当清扫多个房间时，它需要花费一定的时间学习和适应才能确保每个房间都清扫得到，否则会漏扫
	规划导航式	通过扫描、探索、计算等方法得到家居中的地面地图，并自动规划清扫工作。其主要特点是分区域清扫，且有规律，重复率低，清扫完一遍后自动停止
清洁系统	单吸口式	其最大的优势是清扫毛发和灰尘时不用担心缠绕问题，但清扫效果一般
	中刷对夹式	对大的颗粒物及地毯的清洁效果较好，但对大理石地板及木地板地面的微尘处理效果稍差
	升降 V 刷式	采用升降 V 刷浮动清扫，可更好地将扫刷系统贴合地面，对地面静电吸附灰尘清洁效果较好
侦测系统	红外线传感	传输距离远，能及时探测到周围环境的变化，但对使用环境要求较高
	超声波仿生技术	采用超声波仿生技术来判断家居物品的布局及空间方位，灵敏度高，技术成本高
导航系统	陀螺仪导航	利用惯性元件（陀螺仪和加速器等）来测量自身的加速度和角速度，根据计算得出相应的位置
	激光导航	利用 LDS 激光导航或 dToF 激光导航，通过发射激光对室内环境进行扫描，在移动过程中完成对整个空间的建模
	视觉导航	通过在扫地机器人上配备摄像头（视觉传感器）来模拟人的视觉，进而实现对周围环境的识别和导航

2. 扫地机器人的选购

选购扫地机器人，要考虑使用者所处的环境、习惯、期待及扫地机器人的特点等多方面的因素，具体内容见表9-34。

表9-34 扫地机器人的选购

选购内容		标 准
清洁力		吸力值越大，清洁力越强。2000～2500 帕的扫地机器人即可满足家庭一般日常清洁的需要
		气道的密闭程度、主刷的设计、有效覆盖面积
		有边刷、D 型设计的扫地机器人边角清洁力更强
导航系统	陀螺仪导航	其测量精度会随使用时间的增加而不断下降，较适合在一些面积比较小、环境简单的房间使用
	视觉导航	容易受到光线影响
拖布类型	单片平板式	通过左右或者前后振动，产生向下的压力，从而驱使拖布拖地
	双旋转式加厚	可像边刷一样旋转，产生对地面的压力，从而实现清洁地面的效果，且配备自清洁拖布的功能
水箱出水方式	电控水箱	通过智能微感技术可以按需调节渗水量，适合木地板等对湿度有明确要求的地面，缺点是不好拆卸、清洗不方便
	物理控水水箱	不能控制渗水速度，渗水量前多后少，拖地不均匀，而且水箱不取下来会一直渗水，易泡坏木地板
高度和宽度		扫地机器人要打扫低矮空间下的地面（如床、沙发、电视下），所以高度比宽度（直径）重要。大多数扫地机器人高度在 15 厘米以下，直径在 30～40 厘米
电池容量		电池容量越大，相应的清扫面积越大、工作时长越多，对于一般用户来说，2500～3000 毫安的电池容量比较合适

知识拓展

2021年，工业和信息化部等十部门在《5G应用"扬帆"行动计划（2021—2023年）》的通知中提出：推进5G与智慧家居融合，深化应用感应控制、语音控制、远程控制等技术手段，发展基于5G技术的智能家电、智能照明、智能安防监控、智能音箱、新型穿戴设备、服务机器人等，不断丰富5G应用载体。

二、智能门锁

智能门锁是指在传统机械锁的基础上改进的，在安全性、便捷性、生物识别等方面更加智能化、简便化的锁具。它不仅便捷、安全，还可以提供智能控制，为现代智能家居提供必要的核心防护功能。

1. 智能门锁的分类

智能门锁的分类，见表9-35。

表9-35 智能门锁的分类

分类标准	种 类	特 点
安防级别	《电子防盗锁》（GA 374—2019）标准下的A级	最基本的防盗级别
	《电子防盗锁》（GA 374—2019）标准下的B级	B级在抗破坏性试验和技术开启测试上要求高于A级，包括但不限于密码安全性、生物识别模块的防护性能以及电路板的安全设计等
联网功能	非联网锁	没有联网功能，为指纹、密码和磁卡开锁方式，价格便宜，功耗低
	蓝牙联网锁	近场蓝牙联网，可通过指纹、密码、磁卡和蓝牙开锁，无远程操作功能，功耗较高
	ZigBee联网锁	近场ZigBee联网，可通过指纹、密码、磁卡和ZigBee开锁，无远程操作功能，功耗低
	WiFi联网锁	采用WiFi联网技术，可通过指纹、密码、磁卡、App、小程序开锁，有远程查看门锁状态、远程请求解锁、远程报警等多种功能
生物识别技术	指纹锁	指纹锁主要是对指纹特征进行识别，其技术成熟，但存在被破解风险。它功耗低、价格便宜，但部分老人、小孩的指纹识别率偏低
	指静脉锁	指静脉锁是利用人体手指静脉血管纹路图像进行身份识别，它不能复制、伪造和盗取，安全、稳定、便捷，识别率高、功耗低、价格高
	人脸识别锁	人脸识别锁是通过识别人脸来和设备中存储的人脸信息进行比对，进而判断该用户是否具备开锁权限。它具有安全、使用方便的优点，但功耗高、价格高，光线不足会导致识别率下降
屏幕	无屏幕显示	依靠语音提示运行，价格低、省电，但操作不方便、无电量显示
	小屏幕	可以不借助语音提示进行门锁的各种设置，有电量显示功能，价格较低，但字体略小
	大屏幕	大多数是为实现人脸识别技术配置的，键盘区在屏幕中显示，价格较高、耗电量大
	门内屏幕	门锁外只有摄像头，屏幕单独做成部件在门内使用。不开门即可看到室外场景，价格较高、耗电量大

> **小知识**
>
> 　　市场上智能门锁的安全分类等级主要遵循由公安部发布并实施的公共安全行业标准《电子防盗锁》（GA 374—2019）。它用于指导和规范智能门锁产品的生产和销售，对智能门锁的安全性能进行了严格的规定。随着科学技术的发展，智能门锁的安全性能在不断提升和完善，除了锁芯本身的物理防护外，还包括电子安全特性，比如密码强度、生物识别技术的安全性、联网加密技术以及防止小黑盒攻击的能力等非传统机械层面的安全措施。

2. 智能门锁的选购

　　作为家庭安全保障的第一关，门锁肩负着守护家居安全的职责。目前的智能门锁基本上是将门锁、猫眼、门铃都集合在了一起，功能非常全面。选购智能门锁的具体内容见表9-36。

表9-36　智能门锁的选购

选购内容		标准
安全性能	A级	安全级别较低，承受电磁干扰、暴力破解等攻击手段的能力较弱
	B级	在A级的基础上采用了严密的安全措施、高级别的密码加密算法，并增加了生物识别技术，安全性能较高
材质	不锈钢	耐腐蚀、强度高、耐用、外观高档大气，但价格相对较高、易被划伤
	铝合金	耐腐蚀、表面易于清洗、冬季不易冷凝结露、外观时尚，但强度相对较低、易被撬开
	锌合金	耐高温、抗氧化腐蚀、轻便易加工、价格低，但安全性和耐用性要稍逊于其他材质
	铜	耐用、耐腐蚀性非常好、外观高档，但价格高昂
自动化程度	全自动	通常是推拉把手，在输入指纹或密码后通过推拉把手就可以直接开门。有上锁提示和未上锁警报，无室内机械反锁功能，自动上锁时噪声较大
	半自动	传统的按压门把手，指纹识别在把手上，输入指纹或密码后通过下压门把手开门。有室内机械反锁功能，工作原理简单不易出故障，技术成熟，对门的安装要求不高
电机、离合器关系	电机一体	机电一体化锁体将电机、离合器、主控电路板全部集成到锁体里面，但充电麻烦
	机电分离	充电快捷，可在电子控制发生故障时通过机械的方式开锁，方便应急逃生

三、智能音箱

　　目前，国内推出的智能音箱有如下功能：提升对自然语义的理解，可实现语音交互；可成为各类有声资源的播放载体；可实现对灯光、窗帘、电视、空调、洗衣机、电饭煲等智能家居设备的控制；可提供查询周边、餐厅促销、路况、火车、机票、酒店等方面的信息服务；拥有计算器、单位换算、查限行、留言机等小工具。在智能家居时代，智能音箱不只是音箱，还是新一代的人机交互入口。

1. 智能音箱的分类

　　智能音箱的分类，见表9-37。

表9-37 智能音箱的分类

分类标准	种 类	特 点
有无内接功率放大器	有源音箱	有源音响有内置功率放大器,无须外接。音响系统简易、设备小巧
	无源音箱	无源音响内部没有功率放大器,要外接功率放大器才能工作。音响系统复杂、设备笨重
功能	单一型	只具有基本的语音助手功能,如语音控制智能家居设备、播放音乐、查询天气等。此外,它还可与其他智能设备(如智能手机、平板电脑)互动,实现更多功能
	多媒体一体机	它除了具备单一型智能音箱的基本功能外,还可通过显示屏显示天气、新闻、电影等,也可通过摄像头实现视频通话,还可作为智能家居控制中心控制家中的智能家居设备
声学结构	密闭式	它在封闭的箱体上装上扬声器,效率比较低
	倒相式	它在密闭式音箱的基础上加了倒相管,声波从倒相孔放出,其效率、灵敏度高,能承受较大的功率,动态范围广

2. 智能音箱的选购

智能音箱作为一种智能家居设备,已成为许多家庭不可或缺的一种家用电器。选购智能音箱的具体内容见表9-38。

表9-38 智能音箱的选购

选购内容		标 准
用途	播放音频	扬声器配置强、支持HiFi(高保真)音质
	智能家居控制中心	有红外遥控、蓝牙Mesh网关
	网课教育	有动画片和网课等资源,且比较护眼的触屏
	陪伴家人	注重拾音效果,带摄像头,支持可视频通话
连接方式	红外	可用来控制家里的电视、空调、风扇等设备
	WiFi频段	大多数设备只支持2.4吉赫兹,若还能支持5吉赫兹将获得更快的网络连接速度
	蓝牙Mesh网关	几乎所有智能音箱都支持WiFi,若还能支持蓝牙Mesh网关,则可实现断网情况下控制智能设备
兼容性		与已有的智能家居设备,尤其是网络摄像机等匹配
便携性		考虑其尺寸、重量和电源供应方式等,以方便携带或者移动使用为标准
音质		扬声器功率和尺寸越大,则音量和音质表现越好,有的还带有HiFi芯片、专业调音功能,获得Hi-Res Audio认证等

温馨提示

智能音箱需要连接互联网,并且可能会涉及用户的语音数据和隐私信息。因此,在选购时需要关注音箱的安全性和隐私保护功能,确保用户数据的安全和隐私得到有效保护。

知识拓展

智 能 家 居

智能家居是以住宅为平台,利用综合布线技术、网络通信技术、安全防范技术、自动控制技术、音视频技术,将与家居生活有关的设施设备集成,构建高效的住宅设施与家庭日常事务的管理系统,提升家居安全性、便利性、舒适性、艺术性,并创设环保节能的居住环境。

　　智能家居包含的系统主要有：家居布线系统、家庭网络系统、智能家居（中央）控制管理系统、家居照明控制系统、家庭安防系统、背景音乐系统、家庭影院与多媒体系统、家庭环境控制系统等八大系统。其中，智能家居（中央）控制管理系统、家居照明控制系统、家庭安防系统是必备系统。

本章小结

　　本章从家用电器的概念出发，对传统家电、小家电、厨卫家电、3C家电和智能家电等方面做了讲解；介绍了常用家电的分类、特点及选购技巧。学习中应围绕家电的特点来理解其选购标准。

　　家用电器是指用于家庭和类似家庭使用条件的日常生活用电器。家用电器在设计、制造时为了保证人身安全和使用环境不受任何危害必须遵照执行安全标准。

　　小家电是指除了大功率输出的电器以外的家电。本章选择了几种常用的家电（电风扇、电熨斗和电暖气），对它们的类型、特点和选购知识进行了讲解。

　　厨卫家电选取了电饭煲、微波炉、吸油烟机、浴霸和洗碗机，对它们的类型、特点和选购知识进行了讲解。

　　3C家电是指计算机、通信和消费类电子产品三者结合，又称"信息家电"。它包括家用计算机、手机、电视机、数码影音产品及其相关产品。

　　智能家电可感知人的情感、动作和行为习惯，实现了拟人智能，其通过传感器和控制芯片来捕捉和处理信息，除了能根据住宅空间环境和用户需求自动设置和控制外，用户还可以根据自身的习惯进行个性化设置。本章讲解了扫地机器人、智能门锁和智能音箱等的相关知识和选购注意事项。

参 考 文 献

[1]　何毓颖，张智清．商品知识[M]．3版．北京：高等教育出版社，2020．

[2]　于威．商品学基础[M]．北京：人民邮电出版社，2023．

[3]　万融．商品学概论[M]．3版．北京：首都经济贸易大学出版社，2012．

[4]　胡付照．茶叶商品与文化[M]．西安：陕西人民出版社，2004．

[5]　胡东帆．商品学概论[M]．5版．大连：东北财经大学出版社，2020．

[6]　霍红，陈化飞．纺织品检验学[M]．2版．北京：中国财富出版社，2014．

[7]　杨帆，赵东明，高丽娜．商品学实务[M]．北京：机械工业出版社，2017．